跨越时空的相遇
中国古桥建筑解读

许 亨◎著

新华出版社

图书在版编目（CIP）数据

跨越时空的相遇：中国古桥建筑解读 / 许亨著 .
— 北京：新华出版社，2023.5
ISBN 978-7-5166-6809-2

Ⅰ . ①跨… Ⅱ . ①许… Ⅲ . ①古建筑 – 桥 – 介绍 – 中
国 Ⅳ . ① K928.78

中国国家版本馆 CIP 数据核字（2023）第 083171 号

跨越时空的相遇：中国古桥建筑解读

作　　者：许　亨

责任编辑：蒋小云　　　　　　　　封面设计：刘红刚

出版发行：新华出版社
地　　址：北京石景山区京原路 8 号　邮　　编：100040
网　　址：http：//www.xinhuapub.com
经　　销：新华书店
　　　　　新华出版社天猫旗舰店、京东旗舰店及各大网店
购书热线：010-63077122　　　中国新闻书店购书热线：010-63072012

照　　排：北京亚吉飞数码科技有限公司
印　　刷：北京亚吉飞数码科技有限公司

成品尺寸：165mm×235mm　　　1/16
印　　张：14.5　　　　　　　　字　　数：160 千字
版　　次：2024 年 1 月第一版　　印　　次：2024 年 1 月第一次印刷

书　　号：ISBN 978-7-5166-6809-2
定　　价：86.00 元

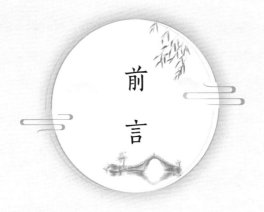

前言

　　中国古桥是中国传统建筑体系中不可或缺的重要组成部分，悠悠古桥，历经岁月变迁，见证沧海桑田，每一座古桥都是一道绝美的建筑风景，都有着深厚的历史积淀。

　　本书系统解读中国各类古桥的建筑艺术与历史文化，带你游历中国各地，领略不同的古桥风采。

　　首先，带你探寻中国古桥的历史，了解中国古桥的建筑材质、形式、装饰、空间环境以及古桥文化等，让你真切感受中国古桥的历史古韵。

　　其次，回溯历史，带你去认识那些闻名遐迩的经典古桥，如有海内第一桥之称的洛阳桥、首创启闭式桥梁的广济桥、宫墙内典雅大气的金水桥、有金光穿洞之盛景的十七孔桥等，一起去欣赏这些经典古桥建筑的建筑工艺与历史文化，见证它们在中国桥梁史上的重要历史地位。

　　再次，系统解读中国古代桥梁的历史分类，依次介绍中国古代梁桥、浮桥、索桥、拱桥的建筑结构与特色，细细赏析不同桥梁类型中的古桥典范，如被誉为立交桥鼻祖的十字桥、黄河第一桥镇远桥、长江第一桥虎牙浮桥、飞跨激流的泸定桥、似龙欲飞的永通桥、桥里有桥的潮音桥等，细数中国古桥分类，了解中国古桥成就。

最后，探秘古桥野趣，于恬静水乡、典雅园林中寻找仪态万方的特色古桥，如西湖断桥、姑苏枫桥、颐和园玉带桥、婺源彩虹桥等，感受自然或人文风光中的古桥匠心与古桥风韵。

本书结构清晰、内容丰富、图文并茂，将中国古桥风采通过清丽的文字和精美的图片沉浸式、立体化地呈现在读者眼前，能给予读者感受中国古桥建筑艺术美和文化美的双重阅读享受。

作　者

2022 年 12 月

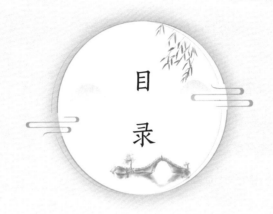

目录

第三章　轮势随天度，桥形跨海通：梁桥

第六章　桥下春波绿，惊鸿照影来：拱桥

第七章　小桥流水，仪态万方：古桥野趣

第一章

印象中国，魅力古桥

中国古桥历史悠久，早在夏商时期便出现了简易的桥梁建筑，汉朝时期就已经有了梁桥、浮桥、拱桥和索桥，形成了基本的桥梁形制。

中国桥梁造型多变，凝结着历代工匠的智慧，彰显了古人高超的建筑技艺，具有极高的历史文化价值，对后世的桥梁建造具有重要的借鉴意义。

探寻中国古桥的历史

《说文解字》有言："桥，水梁也。"桥是指在水上或空中所建的用于通行的建筑物。

在桥梁这一建筑出现之前，人们多用天然桥梁、船只或搭石头过河。天然桥梁是自然形成的桥，有山石组成的石桥，也有树木折断后形成的木桥。这些天然桥梁为后期人造桥梁的建造提供了很好的范例。

夏商时期，人们开始借助相应的工具制作简单的桥。《诗经·大雅·大明》中有"亲迎于渭，造舟为梁"之句，记载了周文王到渭水之滨迎娶太姒时，为了渡过渭水，便将船只相连当作桥梁。

春秋时期，简单的木桥开始出现。《孟子·离娄下》中有"岁十一月，徒杠成；十二月，舆梁成"之句。意思是说，如果十一月开始修桥，则能够修成供人通行的"杠"，十二月则能够修成供车马通行的"梁"。可见，春秋时期，桥已经有"杠""梁"等不同的形制了。

　　秦朝统一六国后，"桥"开始代替"梁"成为桥梁建筑的统称。到了汉朝，"桥"便成了桥梁的普遍称呼。著名的"渭河三桥"便建于秦汉时期。渭河三桥分为中渭桥、东渭桥和西渭桥。中渭桥的建造时间最早，建于秦昭王时期，东渭桥和西渭桥都建于西汉时期。这三座桥横跨渭河南北，是当时重要的交通枢纽。

天然石拱桥——广西布柳河仙人桥

汉朝是桥梁建筑发展的重要时代。汉朝国力强盛，经济发展迅速，桥梁建造的技术水平有所提升，桥梁的种类也随之增多。到了东汉时期，梁桥、浮桥、拱桥、索桥这四种古代桥梁的基本形制就已经成形了。

两晋时期，建成了我国最早有文字记载的石拱桥——旅人桥。此桥建于洛阳七里涧，也被称为七里涧石桥。这一时期，中国工匠已经具备了一定的建桥技术。

隋唐时期，桥梁的建造工艺得到了提升，桥梁上的修饰更加多样。这时的桥梁不单单扮演着通行工具的角色，还成为一种建筑景观，极具观赏价值。隋朝工匠李春组织修建的赵州桥、南唐时期修建的南京竺桥等足以证明隋唐时期桥梁建造技术水平之高。

宋元时期是桥梁建造的成熟阶段，而且有了规范化的理论指导。北宋李诚所著的《营造法式》是朝廷颁布的建筑施工用书，书中包括木造制度、砖造制度等。汴京城中的虹桥是汴河上的单孔木拱桥，桥下无柱，整座桥由木拱捆绑而成，犹如飞虹卧波，是宋朝桥梁建筑的典范。

明清时期，桥梁建造开始使用钢、铁等材料，桥梁的跨度、承重能力等都有所提升。有着"黄河天下第一桥"之称的兰州黄河铁桥便是建于明洪武年间，该桥原名镇远桥，清光绪年间曾对其进行修缮，并将其改名为黄河铁桥。

清朝末年，随着西方建桥技术的引进，钢铁成了建桥的主要材料。这一时期所建的铁桥、钢桥也成为中国近代桥梁的雏形，中国的桥梁建筑也由此进入了新的发展时期。

南京竺桥

中国古桥的建筑材质与形式

　　中国幅员辽阔，地势复杂，多变的自然环境使得中国古桥的建筑材质和形式十分丰富。木、石、竹、铁等构成了不同材质的桥梁，而梁桥、浮桥、拱桥和索桥等遍布中国各地，是中国古桥的主要建筑形式。

中国古桥的建筑材质

　　中国古桥的建筑材料有木材、石材、竹子、藤条、钢铁等。古代建桥工匠在不断掌握和充分利用不同材料的性能、特质的基础上，充分发挥智慧与创造力，建造了各式各样的桥梁，为祖国河山增添了更多风采。

木材在古代是最常见的建桥材料之一。木材分布广泛，采伐、加工都比较简单，而且具有稳定性强、重量轻、抗压强度较高等优势。木桥初建时多是对天然桥的仿造，以简单的独木桥为主。北宋时出现了木拱桥，在北宋张择端的《清明上河图》中就能看到木拱桥的身影。由于木材长期暴露在外，受到风雨侵蚀容易腐烂，所以木桥的留存时间相对较短。

石材也是最古老且较为普遍使用的建桥材料之一。石材同样分布较广，便于就地取材，且具有美观、坚硬、色彩和品种丰富等特点。基于种种优势，古代工匠们很早便开始利用石材建造桥梁，比如始建于西汉、重建于明朝的永州寿隆桥就是一座典型的石桥，造型典雅，桥身充满艺术感。

竹子、藤条也是古代建桥工匠常常运用到的建造材料。尤其是在盛产竹、藤的江南地区，用竹、藤制作而成的竹索桥、藤索桥比较常见。这是因为竹材和藤材建筑物的设计与建设的灵活性更高，搭建简单、拆除起来也不费劲，还可以经常更换、维修，可谓是取材方便、经济实用。比如，位于四川省都江堰市的安澜桥便是以竹为原材料建造的索桥，名列中国五大名桥之一。

随着冶铁技术的发展，耐磨性、耐腐蚀性较好的铁也渐渐被用作建桥材料。比如，东汉年间就出现了铁索浮桥，两汉至隋代，铁索桥逐渐兴起。到了明清时期，铁索桥发展迅速，数量急剧增多。后来，随着西方建筑技术的引进，钢铁成为桥梁建筑的主要材料，钢铁桥梁开始增多，如清朝建的滦河大铁桥，就运用了大量的钢铁材料。

湖南永州寿隆桥

中国古桥的形式

中国古桥形式多样，其中梁桥、浮桥、拱桥、索桥是桥梁建筑的四种基本形式。

梁桥

梁桥是中国最早出现的桥梁形式。梁桥也称平桥，以桥墩作承托架梁，桥面平铺。梁桥的建造方式简单，工程量小，是我国古代最为普遍的桥梁之一。

从夏商时期简单的木梁桥，到唐宋时期的多孔石梁桥，梁桥经历了漫长的发展演变。现存的泉州万安桥、漳州江东桥、浙江绍兴霞川

浙江绍兴霞川桥

桥等都是具有代表性的梁桥。

梁桥分为简支梁桥、连续梁桥和悬臂梁桥三种类型。简支梁桥跨度较小，各个桥孔之间单独受力，工程量较小。连续梁桥是两跨或两跨以上的梁桥，跨度大，承载能力更强。悬臂梁桥是桥梁的一端或两端伸出，形成悬臂效果的梁桥，适合建于跨度较大的河流之上，但建造工艺复杂，应用较少。

浮桥

浮桥也称舟桥，一般用船或浮箱作桥墩，连于水上，桥墩上铺设木板形成桥面，两岸设柱以固定桥梁。

浮桥多为木制，其中有部分铁制构件。早期的浮桥建造大多出于军事需要，东汉时期，为了能够在江上作战，士兵便在长江上搭建了浮桥。

隋唐时期，浮桥的跨度大幅提升，出现了大型跨河浮桥，如蒲津渡浮桥、大阳桥、盟津桥等。宋元时期，浮桥的形制已经成熟，一座完整的浮桥大多由脚船、桥面、缆索等部分构成。明清时期，浮桥数量逐渐减少，它被拱桥、梁桥等实用性更高的桥所取代，慢慢退出了历史舞台。

拱桥

拱桥出现的时间较晚，大约在东汉时期开始建造。因呈拱形，所以叫作拱桥。拱桥有单孔和多孔之分，拱形有半圆、椭圆、马蹄形等多种形状。拱桥造型优美，形制多样，实用性强，适用范围广，在我国古代桥梁建筑史中占有重要地位。北京的卢沟桥、江苏的宝带桥、上海大仓桥等都是拱桥中的典范，是重要的历史遗产。

根据建筑材料的不同，拱桥大体可分为木拱桥、石拱桥、砖拱桥等类型。其中，石拱桥是应用最为广泛的一种，其较为坚固，泄洪能

上海大仓桥

力强，能够长期使用。隋朝所建的赵州桥便是石拱桥中的代表，一直留存至今。

索桥

索桥也被称为吊桥，有藤索、竹索、铁索等不同的类别。索桥大多分布在西南地区，建在狭窄、湍急的水流之上，因为这样的河段不易安装桥墩，当地人便在河流之上建造索桥。先将立柱安装在河流两岸，再将绳索跨越河流固定在立柱上，最后在绳索之上铺设木板，一个简易的索桥便建造完成了。

藤索桥和竹索桥出现时间最早，战国时期，四川便有了竹索桥。随着冶铁业的发展，这两种桥都逐渐被铁索桥取代了。铁索桥不易损毁，更加安全，适用范围更广，贵州盘江铁桥和云南惠通桥便是著名的铁索桥。盘江铁桥建于明朝，位于贵州北盘江河谷上，桥身由33根铁索组成，桥面由木板铺成，两侧有栏杆，远看十分壮观。云南惠通桥始建于明朝，曾是怒江上唯一的索桥，随着新桥建成，才被闲置。

云南惠通桥

古桥装饰，细微之处见匠心

中国古桥分布广泛，类型多样，装饰手法、构件也因地制宜，各不相同，主要包括雕饰、建筑等，与古桥完美结合，将古桥衬托得越发气韵生动。人们通过古桥的装饰，能够感受到多样的地域文化、独特的民族风情，以及岁月变迁和传统文化的魅力。

内容丰富、寓意美好的雕饰

我国的桥雕艺术历史悠久，内涵深厚。具体运用到的雕刻手法有浮雕^①、圆雕^②等，内容丰富、寓意美好。

浮雕

古桥上的浮雕装饰题材广泛，常见的有以下几类：植物类，比如莲花、牡丹、桂花、兰草等；动物类，比如龙、凤、马、鹿、狮、鹤、蝙蝠等；历史或神话人物、故事类，比如和合二仙、竹林七贤、八仙过海、武松打虎等。

不同题材的浮雕纹饰、图案常出现在桥头、桥面、栏杆等处，它们小巧精致，既不会影响桥的实用功能，又能增加审美意趣。比如，苏州网师园内的引静桥，桥身小巧，桥上刻着花形的浮雕纹饰，与江南水乡的婉约气质十分契合。再如江苏无锡的金莲桥，桥身两侧各设有一块华版石，外侧雕有压地隐起"缠枝牡丹间化生（童子）"图案，古朴典雅。

同时，这些不同图案的浮雕装饰通常还有着美好的寓意。比如，蝙蝠图案寓意福气、幸福；鹿和鹤等图案搭配在一起，则体现了古人对福禄、长寿的追求；牡丹图案则寄寓着富贵长存的愿望。

---

① 在平面内雕刻出具有立体感的、凹凸起伏的雕像。
② 全方位的立体雕刻。

无锡金莲桥

圆雕

古桥上的圆雕装饰活灵活现、栩栩如生，在题材上以灵兽雕刻最为常见，比如龙、狮、牛、大象、麒麟等，通常分布在桥梁拱券、望柱、桥墩等处。典型的有四川泸州市泸县的龙脑桥中间八座桥墩上的石刻，依次雕刻有龙、狮、象、麒麟等雕塑，造型精美，威武生动；南京平江桥桥墩上的龙首雕饰，精雕细琢，十分传神；北京故宫断虹桥望柱上蹲坐着的一只只石狮，形态各异，憨态可掬。

龙脑桥桥墩上的石雕

南京平江桥龙首雕刻

北京故宫断虹桥望柱上的石狮

这些灵兽雕刻通常寄寓着桥梁永固、免除水患、安澜平波的愿望，将古代工匠们的创造智慧展现得淋漓尽致。

造型优美、巧夺天工的装饰构件

古桥装饰构件有桥碑、抱鼓石等，它们大多造型优美、巧夺天工，反映了古人高超的造桥技艺和独特的审美追求。

桥碑

有些古桥会在桥边矗立桥碑，对古桥的基本信息进行介绍。比如，洛阳桥桥碑，其高约 2.8 米，碑文由北宋书法家蔡襄撰写，记载了洛阳桥的建造时间、建造原因等信息。碑文中的书法笔力遒劲，与洛阳桥雄伟的气势相得益彰。

卢沟桥桥头矗立着一块汉白玉碑，碑正面刻有"卢沟晓月"四字，由清乾隆皇帝御笔亲题。碑的背后刻有乾隆所作的《卢沟晓月诗》。卢沟晓月碑高大精美，将卢沟桥衬托得越发气势恢宏。

卢沟桥边的卢沟晓月碑

抱鼓石

有些古桥的栏杆两端安装有抱鼓石这种独特的建筑装饰。抱鼓石形似圆鼓，起先是用来支撑门板、稳固门扉转轴的，后逐渐演变成建筑装饰构件，且带有祈福、辟邪的作用。

在桥栏杆末端安装抱鼓石，桥的造型更富有变化，整体造型也更具美感。可以说古桥上的抱鼓石是古人在桥梁建筑上的审美意趣的具体体现。

八字桥桥栏杆末端的抱鼓石

古桥与空间环境，是桥亦是风景

古桥是用于通行的建筑，也是风景的一部分，其造型样式、装饰点缀都与当地的自然环境相统一，形成了自然和谐的景色，体现着中国建筑艺术之美。

桥的建造会受到当地的地形地貌、水文特征的影响。古代工匠在组织建桥时会首先考虑到桥的实用功能，同时也会使桥梁在外形上与自然环境相符，满足人们的审美意趣。

一般乡野间的桥梁大多古朴，少有华丽的装饰，却更能凸显野趣，正所谓"麦陇黄轻，桑畴绿暗，野桥新碧泱泱"。

在都城，桥梁往往装饰丰富，表现出京都的繁华。北宋汴京城内有金明池，池上有一拱桥，名为骆驼虹，桥共有三孔，栏杆为红色。《东京梦华录》有载："桥面三虹，朱漆阑楯"。金明池为皇家园林，红色华贵大气，因而骆驼虹使用红色装饰，凸显皇室的典雅尊贵。

有些桥本身便是风景，如浙闽地区的木拱廊桥，桥上建有桥屋或桥亭，斗拱飞檐，雕梁画栋，自成风景。

贵州赤水天恩桥，以古朴的造型彰显野趣

浙江泰顺文兴桥风采

古桥在古人心中的文化意象

古桥作为实用建筑物和重要的景观资源，是客观存在的，然而，当人们将自己的主观情感寄托在桥中，桥就有了深远的意蕴，变成了主观情感与客观形象的融合，具有更加深刻的文化内涵。

风月之桥

古桥横亘于水面之上，将两岸连接在一起。这样的建筑结构让桥有了独特的韵味，如同恋爱中的两人，通过某种联系结合在一起。

《庄子·盗跖》中记载了这样一个故事，一个叫尾生的男子与心上人相约在桥下见面，但心上人始终没来，刚好碰到洪水袭来，尾生仍不愿离去，最终抱着桥柱溺水而死。"抱柱"从此便成了在爱情中信守誓言的象征。李白的《长干行》中便有"常存抱柱信，岂上望夫台"之句。这是中国出现较早的关于桥的爱情故事。

唐宋时期，桥便成了爱情故事中的重要元素，常常用在男女相会的场景中。牛郎织女鹊桥相会，梁山伯与祝英台草桥结拜，许仙与白蛇断桥结缘……久而久之，桥就成了爱情的象征，人们将对爱情的美好期许寄托在桥中。

这一点在诗词中的体现尤为明显。秦观以"柔情似水，佳期如梦，忍顾鹊桥归路"来讴歌爱情的坚贞，陆游用"伤心桥下春波绿，曾是惊鸿照影来"哀叹逝去的爱情。桥成了诗句画面感营造的重要元素，寄托着诗人缠绵悱恻的情感。

离别之桥

有相遇便会有别离，人们在桥上相遇，也在桥上送别。唐代刘禹锡曾感叹道："曾与美人桥上别，恨无消息到今朝。"宋朝周邦彦也曾写道："河桥送人处，凉夜何其。"可见在中国古代，桥上送别是常见之事，桥也成为文学作品中别离的象征。

春秋时期，秦穆公组织修建了灞桥。唐朝时，灞桥边修建了驿站，人们多在这里送别，又因灞桥边多植柳树，便兴起了折柳送别的风尚，灞桥也就成了离别的象征。李白的"年年柳色，灞陵伤别"，贾岛的"楚山远色独归去，灞水空流相送回"等都是以灞桥象征离别。

除了生离，还有死别。中国民间传说常以"过奈何桥"来比喻死亡，"奈何桥"如同轮回的媒介，过桥便是往生。

怀古之桥

桥一经建成便可长久地存在，任凭时光流转，朝代更迭，依然矗立在原地。站在桥边，便会生出物是人非之感，因此中国古人常常借古桥来感叹朝代兴衰，寄托哀思。

李白经过圮桥时，想到了"圮桥进履"的张良，便在这里写下了《经下邳圮桥怀张子房》，感叹张良能够得到黄石公的赏识，获得《太公兵法》，自己却无人赏识，壮志难酬。诗人用张良在圮桥的际遇暗喻自己不得志，是借古讽今之法。

隋唐时，扬州建有二十四桥，曾是扬州的著名桥梁，后在战乱和灾害中损毁。唐朝诗人杜牧曾以"二十四桥明月夜"来写扬州的繁华，然而到了南宋时期，扬州经历战争，一片荒凉之景。诗人姜夔路过扬州，不禁感叹"二十四桥仍在，波心荡，冷月无声"，西湖上的桥仍然存在，但湖畔再不复昔日的繁华热闹，在月光的照射下更显寂静。

扬州二十四桥

咸阳桥送别

咸阳桥原名为西渭桥，始建于西汉时期，因与城门相对，也称便门桥，唐朝时改称咸阳桥。

由于咸阳桥处于交通要道，人们多在此送别，久而久之，咸阳桥便成了别离的象征。杜甫的"耶娘妻子走相送，尘埃不见咸阳桥"，温庭筠的"咸阳桥上雨如悬，万点空濛隔钓船"等，都体现了咸阳桥的送别之意。

安史之乱后，咸阳桥被毁，如今的咸阳桥是新建的钢筋混凝土结构的现代桥梁，后人也只能根据历史文献来猜测咸阳桥当初的样貌。

第二章

历史悠久，闻名遐迩：经典古桥

中国古桥作为中国古代特色建筑，建筑造型和建筑技艺闻名遐迩，令世人惊叹。远观或近瞻这些古桥，不禁会惊叹于古人的创造智慧，被古桥背后的建筑文化所折服。

忆岁月匆匆，赏古桥悠悠，跟随历史的脚步，去探赏中国经典古桥，领略中国古代名桥的魅力。

海内第一桥——洛阳桥

洛阳桥是一座有着悠久历史的宋代古桥，是中国古代"四大名桥"之一，有"海内第一桥"的美誉。

跨江接海的洛阳桥

洛阳桥，位于今福建省泉州市，由宋朝泉州知府蔡襄督造，始建于1053年（宋皇祐五年），是一座梁式跨海石桥。洛阳桥位于洛阳江出海口处，现存全长约731米、桥宽约4.5米，共有47孔、45座石墩。

洛阳桥自宋朝始建，前后经历了大约六年的时间终于建成，此后

洛阳桥

投入使用至今，其间经过多次修缮，如今的洛阳桥仍保留了较为完整的原始风貌。

洛阳桥的桥墩、桥面、桥身均采用了质地坚硬的花岗岩，建桥所用的花岗岩块大、体重，据测量，桥板所用的整块花岗岩最长有11米长，洛阳桥可谓名副其实的大石桥。

洛阳桥的桥面

🌉 别出心裁的建筑设计

洛阳桥的建成在中国桥梁建筑史上有着非常重要的意义。它的多项打破常规、别出心裁的建筑设计均为后世桥梁的建造提供了重要的参考经验。

首先，"筏形基础"在古代建桥史上具有创新意义。

洛阳桥位于江面跨度大、波涛汹涌的洛阳江上，在建桥之初就遇到了重重困难。如当时技术和条件有限，桥基的选址、桥墩的固定、建筑石材的搬运等，都并非易事。

要使桥稳固地屹立在江水中，必须有坚固的桥基，据说，初建洛阳桥时，很多投入江中的石块都被江水冲走了，于是人们便采用"筏形基础"这种技术来建桥。具体操作方法是，用船装载大石块，行至江中，沿着规划好的桥梁中线的位置，将船中石块尽数抛下，在水中铸就了一道水下堤坝，然后在水下堤坝上建桥基、

洛阳桥筏形桥基

桥墩。洛阳桥桥基呈石船形状，中间方，两头尖，方便桥基分水和减少水对桥基的冲刷。

其次，"浮运架梁"彰显了古人桥梁建造的高超智慧。

在洛阳桥未建成之前，江水涨落会让桥基和桥墩时隐时现，也正因如此，人们选择以水运石，借助洛阳江江水的潮起潮落，将石梁架设在桥墩之上，就地取材地借用了江水的运载力。

最后，"种蛎固基"是当时世界范围内造桥技术的创举。

为了使洛阳桥的桥基更加牢固，建桥工匠在桥基处养殖大量的牡蛎，牡蛎附着力强、繁殖力强，这样桥基和桥墩就像是用"胶水"牢牢地粘在一起一样。这种固基方法科学环保，为世界首创，是将生物学技术应用到建筑实操中的成功典范。

洛阳桥的桥基上布满牡蛎

初日出云，长虹饮涧——赵州桥

赵州桥，又名安济桥，是世界现存年代久远（距今有 1400 余年的历史）、跨度最大、保存最完整的单孔坦弧敞肩石拱桥。赵州桥犹如一道长虹落于洨河之上，唐代张鷟在《朝野佥载》卷五中称赵州桥："望之如初日出云，长虹饮涧。"

结构精妙的石拱桥

赵州桥始建于隋朝，位于今河北省赵县城南，由李春设计并督建。宋朝时期曾被宋哲宗赐名安济桥，此后，"安济桥"便成为该桥的正名，但在民间，"赵州桥"这一名字流传更广。

赵州桥

赵州桥为石拱桥，在世界桥梁建筑史上首创"敞肩拱"结构，可以说为此后敞肩拱桥提供了标准的建筑模板，具有非常高的建筑研究价值。

赵州桥建筑结构极其精妙，这正是其屹立千年不倒的重要原因。具体来说，赵州桥的结构巧思主要表现在以下几个方面。

首先，赵州桥的桥拱为敞肩圆弧拱，拱肩两侧各建两个对称小拱，桥拱的跨度和分力均匀，桥体坚固。

其次，赵州桥的最大的桥拱跨度大，因此桥拱的弧度并不高，而是趋于平缓。单孔长跨，拱下无墩，便于泄洪。

最后，赵州桥的桥面两侧桥头处较宽，桥拱弧顶的桥面较窄，这样的设计使得桥的力量向两边分散，再加上石头的纵向砌筑，更增加了赵州桥的稳固性。

赵州桥的桥面

工艺精湛的桥梁石雕

　　赵州桥上有许多精美的石浮雕，这些浮雕多以龙为主题（以蛟龙为主，伴有兽面、花饰等），体现了古人对龙图腾的崇拜。古人认为，有龙的地方就有水，龙能兴云布雨，可镇压波浪，因此在桥上雕刻龙形图案，旨在祈求桥梁稳固、地方安宁。

　　赵州桥的龙形雕刻充分体现了隋朝雕刻技法风格，赵州桥的栏板上的龙形浮雕刀法苍劲有力、造型新颖、风格豪放。同时，桥体亦有许多刻画精细的雕刻装饰。

　　据不完全统计，赵州桥的栏板、桥体有 58 种不同的龙形浮雕形象，有威风凛凛的龙头石雕，有相互缠绕的蛟龙石雕，有双龙戏珠石

赵州桥上的龙形石雕

雕，还有双龙相抵嬉戏的石雕，等等。这些龙形态各异，刻画生动，具有极高的艺术价值。

　　以双龙双足相抵的一组石雕为例，在这幅石雕作品中，左龙矫健有力，右龙蜿蜒灵动，双龙双前爪前探，张力十足。双龙在相互抵推发力的同时，又相互回望，一收一放对比鲜明，令观者能真切感受到它们之间的力量对抗。更奇妙的是，双龙的一部分龙身隐入赵州桥的栏板之中，似乎在踏浪前行、迎风飞舞、辗转腾挪，生动刻画雕塑形象的同时，进一步加深了空间的纵深感，增加了视觉张力。

赵州桥栏板上的龙头石雕

赵州桥栏板上相互缠绕的双龙石雕

赵州桥栏板上的双龙互抵石雕

十八梭船廿四洲——广济桥

广济桥，俗称湘子桥，"十八梭船廿四洲"是其重要的特色。"洲"即桥墩，桥墩上的楼台各不相同，故有"二十四样"之说，"十八梭船"则是指广济桥桥中间可移动的船，这些移动的船连接成浮桥，构成广济桥的中间部分。

设计巧妙的启闭式桥梁

湘子桥始建于南宋乾道六年（1170 年），因江水湍急，桥始终未能合拢。明宣德年间，潮州知府令人增设桥墩，桥墩上建望楼，将桥命名为"广济桥"。明德年间又设舟为浮桥，浮桥可连接闭合或打开，

俯瞰广济桥

浮舟断开时让出水面，供船只在水面通行，为过往船只提供了通行便利，广济桥由此成为中国乃至世界上首座启闭式桥梁。

广济桥曾在战争中被炸断，后进行了重修，但古老的石桥和浮桥终究不能复原如初，实在可惜。

广济桥江中部分梭船

桥上望楼，水上长街

　　广济桥的桥墩敦实，桥墩上有台，上建望楼，不同楼台依次连接，构成一条长长的水上长街。明代李龄撰有《广济桥赋》，其中描写道："五丈一楼，十丈一阁"。两岸人们来来往往，在桥上观景、

广济桥上的望楼

购物、叫卖，形成一幅热闹的街市景象。

　　广济桥的望楼可以说是桥梁建设中的创新之举，这使得桥梁摆脱了单一的通行功能，增加了观赏、互通贸易、开展娱乐活动等功能。

广济桥的桥身与望楼

久负盛名的情尽桥——灞桥

灞桥，又名情尽桥、销魂桥，位于今陕西省西安市，建于灞河之上，其造型别致，内蕴丰富，久负盛名。

象征离愁与别离之桥

灞桥象征离愁，与其地理位置有很大的关系。最早的灞桥位于长安城东，远在秦汉时期，这里是出长安城向东的交通咽喉。古代地理书籍《三辅黄图》中写道："灞桥，又作'霸桥'，在长安东，跨水作桥，汉人送客至此桥，折柳赠别。"故长安城中百姓远送亲友、将士出征东行，皆在此驻足别离。久而久之，灞桥也就成了"情尽"和

"别离"的标志性建筑。

灞桥也称"销魂桥",关于此名来源有两种说法。一是据五代古籍《开元天宝遗事》记载:"长安东灞陵有桥,来迎去送皆至此桥,为离别之地,故人呼之为'销魂桥'也。"二是南朝辞赋家江淹作《别赋》:"黯然销魂者,唯别而已矣。"后人引此句概括离愁别绪,称灞桥为销魂桥。

古灞桥与新灞桥

古灞桥历史悠久,始建于春秋时期,彼时,秦穆公称霸西戎,修灞桥。灞桥建成后在各个朝代多次被修葺、重建。

隋朝开皇年间,重建灞桥,此灞桥为石拱桥,是目前我国发现的年代最久远的多孔石拱桥。2004年被水冲刷露出,而后又被泥沙掩埋的灞桥遗址,正是隋朝时期的灞桥,该灞桥在水底打木桩,木桩之上再铺木板、石板,桥墩就建在石墩之上,呈长方形,两头有分水尖,刻有龙头雕塑,掩于泥沙之下。

唐朝时期,在隋朝灞桥之南又建桥,与隋朝灞桥形成南北二桥。清康熙时期,灞桥已无法修复,于是设木桥和舟渡,后又再次重建灞桥。

20世纪80年代,一条现代化的新灞桥在灞河之上拔地而起,成为灞河两岸新的交通线。

新灞桥风貌

天下无桥长此桥——安平桥

安平桥，又称五里桥，位于今福建省泉州市，为梁式石桥，全长5里，是当时世界上最长的梁式石桥，有"天下无桥长此桥"的美誉。

工程浩大的跨海长桥

安平桥始建于南宋绍兴八年（1138年），因当时条件有限，且工程浩大，所以在建造过程中多次停工，又屡次续建，直到绍兴二十二年（1152年）才终于建成。

安平桥选用了大量大体量的石材来建桥，桥面石板长5~11米

俯瞰安平桥

不等，重量大多在 4～5 吨，最重者可达 25 吨。用如此重且大的石材建成长 2000 多米的桥实在并非易事，不得不令人感叹古人的建桥毅力和智慧。另外，重且大的石条所构筑的石基、石墩、石桥面，使得安平桥虽狭长却非常稳固，抗震性强、抗浪涛冲击性强，故而屹立近千年而不倒。

安平桥的桥面

独具匠心的结构设计

安平桥与洛阳桥颇为相似，均为狭长跨海石桥，在桥墩处均选用了"种蛎固基"的设计，不同的是，两座桥的桥面石条的铺设方向不同。另外，安平桥有双向分水尖的桥墩，洛阳桥的桥墩只有单向分水尖。

安平桥的桥墩有三种建筑形制：长方形、单边船形（只有一头有分水尖）、双边船形（具有双向分水尖）。长方形和单边船形位于水流平缓的港道处，双边船形置于水流湍急的海湾中心，这样灵活的设计能最大化地保证桥体的坚固性和抗冲击性。

安平桥的桥墩

安平桥上筑有亭，包括憩亭、水心亭、中亭、雨亭等，桥两侧为石护栏，上有狮子、蟾蜍等石雕，形象逼真、栩栩如生。

安平桥护栏外的水中筑有石塔，石塔有方形和圆形两种形制。四座方塔呈对称之势分列桥的两侧，寄托了护佑过往行人安全的美好寓意。安平桥的入口处有一座砖石仿木圆塔，即瑞光塔，是用安平桥建成之后的余资所修建的。

安平桥的雨亭和方形石塔

碧天秋水多倩影——五亭桥

五亭桥，又名莲花桥，位于今江苏省扬州市瘦西湖上，是一座造型别致、极富审美价值的石拱桥，被誉为"中国最美的桥"。

五亭桥的建筑特色

五亭桥，顾名思义，桥上建有五个亭，是仿照北京五龙亭和十七孔桥而建的，五亭临水、并聚，仿佛盛开的并蒂莲花。

五亭桥始建于清乾隆年间（1757年），为恭迎乾隆皇帝南巡而建。桥上五亭是该桥的标志性建筑，五亭分别为澄祥、滋香、涌瑞、浮翠、龙泽，皆为黄瓦朱柱，亭内有精美的彩绘藻井，亭与亭之间用石梁、短廊相接，彼此之间既相互独立又彼此相连。

俯瞰五亭桥五亭的宝顶，可以看到各亭互联，构成一个工整的"工"字形，各亭宝顶大小一致，但亭高不同，中亭亭高 10.82 米，角亭亭高 8.94 米，亭间连廊高度比亭檐略低。

五亭桥不仅五亭建筑精美，桥基和桥身也设计复杂、富有巧思。五亭桥桥基建于莲花堤上，桥墩由 12 块大青石砌筑而成，桥身为拱券形，整座桥"上建五亭、下列四翼"，具有较高的建筑艺术价值，体现了工匠们的劳动智慧。

五亭桥

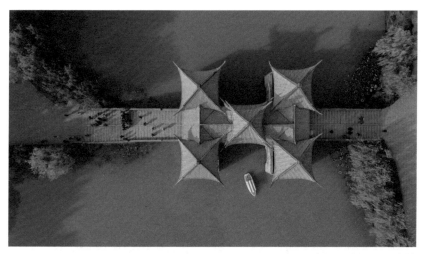

五亭桥五亭的宝顶结构

五亭桥的桥孔（券洞）设计别具特色，桥身虽短，但桥孔颇为密集，而且既可通南北，又可通东西。整座桥共计有 15 个桥孔，桥中心的桥孔是五亭桥最大的一个桥孔，为半圆形，跨度约 7 米，除了该桥孔外，其余 14 个桥孔大小不一、形状不同，桥础[①] 处的半圆形桥孔可通南北，桥阶[②] 处的扇形桥孔可通东西。

从桥阶处拾级而上，可见到五亭檐角飞翘，宝顶交错，亭下匾额上所书"莲花桥"字样古朴雅致，登临桥上又可见别样风景。

---

① 支撑桥梁跨度或连接桥两侧的建筑部位。
② 上下桥梁的建筑部位。

可通四方的桥洞

五亭桥桥阶与飞翘的檐角

五亭桥的景观与文化特色

五亭桥位于瘦西湖上，若将瘦西湖比作少女，那么五亭桥就是少女腰上的玉带，为瘦西湖增添了几分灵动与飘逸之感。

站在五亭桥上，聆听亭角的铜铃叮当作响，感受和煦的湖风轻抚脸颊，五亭桥的倩影倒映水中，蓝天与湖水水光一色，建筑艺术之美与自然之美和谐统一，令人陶醉。

风姿卓越的五亭桥，不仅成为当地百姓游玩赏景的好去处，也颇受古代文人的喜爱。清代诗人黄惺庵在《望江南·扬州好·五亭桥》中写道："扬州好，高跨五亭桥，面面清波涵月镜，头头空洞过云桡，夜听玉人箫。"这些诗句更为五亭桥增添了一份文化之美。

五亭桥与瘦西湖风光

蟠龙祥云白玉栏——金水桥

金水桥位于北京故宫的金水河上，分为内金水桥和外金水桥两个部分，为非常精致的汉白玉石桥。

桥似玉带，等级森严

金水桥始建于明朝永乐年间，外金水桥位于今天安门城楼外，共7座，为三孔拱券石桥；内金水桥位于今故宫太和门前的广场上，共5座，为单孔拱券石桥。

金水桥横跨在蜿蜒曲折的金水河上，如同一条条玉带连接故宫内外，是进入故宫的重要通道。

　　金水桥与故宫其他建筑相同，在设计和建造时，就被赋予了封建王朝的等级制度文化意义。在桥的使用和装饰上具有森严的等级划分，如果过桥者越级通过高于自身身份应通行的桥，则会被视为大不敬。比如，外金水桥居中的桥桥面开阔，装饰最为华丽，为"御路桥"，在古代只有皇帝可以行走；从中间向外的两座桥，为"王公桥"，供王室贵族通行；王公桥外侧的桥为"品级桥"，是文武大臣上朝时行走通过的桥，且只有官职在三品以上的官员才可以行走。外金水桥最外侧的桥则为"共生桥"，供四品以下官员等人通过。

内金水桥风光

造型独特，雕饰精美

金水桥全部选用汉白玉石砌筑而成，内、外金水桥造型相似，但并不相同。

以内金水桥为例，内金水桥整体造型秀丽，呈南北走向，跨东西走向的金水河，晶莹洁白的汉白玉石桥与金碧辉煌的宫廷建筑相互映衬，构成太和门前广场上一道靓丽的风景。

金水桥上的莲花望柱

　　内金水桥中的五桥并列而立，似弯弓上蓄势待发的利箭，居中的御路桥位于故宫的中轴线上，宽 6 米，长 23.15 米，共设 28 根望柱，上面雕刻蟠龙祥云，象征着作为"真龙天子"的皇帝的尊贵。王公桥和品级桥的长和宽均不及御路桥，且依次减少，在望柱装饰上，图案也与御路桥不同，雕刻莲花或火焰纹。

宝带春风波漾轻——宝带桥

宝带桥是中国现存最长的一座多孔石拱桥，左右接京杭大运河和澹台湖，南北横卧，横跨玳玳河，犹如一条长长的宝带。

因漕运而生的桥

宝带桥始建于唐朝时期，曾多次被毁，重建的形制与规模遵循旧制。宝带桥全长约 316.8 米，宽约 4.1 米，桥上无栏杆，桥下有 53 个桥孔。

隋朝时期修京杭大运河，漕船行至此处，迎风难行，需要纤夫拉纤方能顺利通行，故修建平整且近于水面的宝带桥，以方便纤夫登桥

宝带桥

拉纤，助力漕运。

当然，宝带桥的桥面贴近水面还有一个重要原因，就是方便泄洪，不仅桥孔可以泄洪，洪水亦可直接过桥面而泄走。

建筑艺术美与技术美并举

从建筑造型来看，宝带桥如一条长长的宝带浮于水面之上，有时与水面齐平，与周围水景融为一体，古朴沉静，令人心旷神怡。

从宝带桥北面的石碑亭处出发，沿喇叭形的桥堍[①]南行，走到桥头，可见一对石狮（如今只剩一只）、一座石塔，向南走，桥面平整，如履平地，从第 13 个桥孔起，桥面慢慢拱起成弧形，至第 15 个桥孔桥面拱起最高，桥上有刻有漩涡状浮雕的桥心石，此为宝带桥的中心位置，桥旁不远处有石塔（做标注水位和镇河之用），由此继续向南走，至第 17 个桥孔处，桥面再次趋于平地且一直延伸到桥的南端，桥的南端同样有两只石狮，如今尚存。

宝带桥的桥墩建造选用了两种桥墩，一种是刚性墩，一种是柔性墩。其中，刚性墩是两个柔性墩合在一起建筑而成的桥墩，这种桥墩可抵抗单向推力，使桥体更加坚固；柔性墩则更加美观，也有助于泄

---

① 桥梁两端靠近平地的地方。

洪和节省建桥的成本。不同桥墩的设计，可谓刚柔并济，充分体现了古人的建造智慧。

宝带桥南端的石狮与桥面

宝带桥名字的由来

关于宝带桥名字的由来有不少说法，或源于民间传说，或源于史料记载。

有传说称，天庭中的一位仙女听说苏杭一带人杰地灵、风光秀美，特来太湖游玩，见到这里百姓安居乐业，一派繁荣景象，不由心生欢喜。忽见湖中起浪，一条渡船左右摇晃十分危险，于是解下腰中宝带抛落湖面上，形成宝带桥，此后，湖上风平浪静，再无险情。

有史料记载，唐元和年间，漕运发展繁荣，南方许多物资都是经过漕运沿京杭大运河北上运至宫廷。唐元和十一年（816年），为了加快三吴地区的贡物进京，时任苏州刺史的王仲舒捐出自己的宝带资助修建古运河边的纤道，故桥以"宝带"命名。

金光穿洞卧彩虹——十七孔桥

在北京颐和园中有一座连接昆明湖与南湖岛的长石桥，它就是十七孔桥。十七孔桥是圆明园内最大的一座桥，它如长虹卧波，气势非凡，更因冬至左右的"金光穿洞"美景而闻名遐迩。

湖上飞虹，水上胜景

十七孔桥是一座共有 17 个桥孔的石拱桥，始建于清乾隆年间（1750 年）。古人认为，在 1 至 9 中，9 为极阳数，是最大的单数和阳数，是个非常吉利的数字。从桥的两端向中间数桥孔，数到桥中间最大的桥孔刚好是"9"，因此桥设 17 孔。

十七孔桥长 150 米，宽 8 米。其造型优美，如一道长长的彩虹落在颐和园的湖面上，为湖面增添了一份灵动之气，消除了广阔湖面的寂寥感。晨昏与四时，湖上桥影挪移，与周围的园林风景相应和，美不胜收。

在十七孔桥的南北两端匾额和桥额上分别书有"修炼凌波"和"灵鼍偃月"，意指桥如飞虹、飞兽横卧碧波之上。

值得一提的是，古人还将天文地理知识灵活应用于十七孔桥的建造过程中。比如，利用太阳东升西落会随季节变化的自然规律巧加设计，使太阳光能在冬至前后刚好照射到桥孔的侧壁上，呈现出"金光穿洞"的胜景，令人赞叹。

十七孔桥金光穿洞

孔桥石雕，形态各异

　　十七孔桥的白石栏杆上有 128 根望柱，望柱上的石狮形态各异，生动形象。这些石狮或嬉戏打闹，或凝神眺望，或亲昵相拥，有静有动，有单个、有组合，共有 544 只之多，每一只都值得细细观赏。

　　在十七孔桥的两端，各有两只石兽端坐桥头，石兽形似麒麟，表情肃穆，给人以威严、威猛之感，是神话传说中的"望天吼"，据说有"上传天意，下达民意"的神通，充分表现了十七孔桥设计与建造中所蕴含的政治文化意义和美好愿望。

十七孔桥望柱上的石狮

十七孔桥桥头的石兽

历史的见证者——卢沟桥

卢沟桥，又名芦沟桥，位于今北京市丰台区的卢沟河（今永定河）上，距今有800多年的历史，是一座南宋古石桥。

见证风雨的石桥

卢沟桥始建于金大定二十九年（南宋淳熙十六年，1189年），历时三年建成，后世多次沿旧制修复。

卢沟桥选用天然石材砌筑而成，其中桥墩、拱券、栏板、望柱等处选用了石英砂岩，桥面则选用天然花岗岩，整座桥坚硬牢固。

在桥墩设计上，卢沟桥的桥墩选用了双分水尖的船形桥墩，有

卢沟桥

助于分水泄洪和减轻水流冲击。分水尖前装三角铸铁（名为"斩凌剑"）、上盖分水板，起到加压加固的作用。

卢沟桥长266.5米，宽7.5米，呈坡度较缓的弧形，两端略低、中间略高，全桥有10座桥墩、11个桥孔。拱券采用纵联式实腹砌筑法，使各拱券联成一体，同时桥墩内部也采用铁构件连接，使桥体更加坚固。桥体横卧在卢沟桥上，沉静庄严。

卢沟桥不仅是一座供人通行的石桥，更是历史的见证者。1937年7月7日，日军进攻卢沟桥发动全面侵华战争，这就是历史上的"卢沟桥事变"（也称"七七事变"），全国抗日战争的序幕也由此揭开。

在卢沟桥事变中，卢沟桥并没有毁于战火，有幸保存下来，成为这一历史事件的见证者。它毅然屹立在卢沟河上，接受岁月的洗礼，亦警醒后人铭记历史。

卢沟桥的桥面

卢沟桥的狮子数不清

卢沟桥的石雕历来被人们所称道，卢沟桥的南北两侧共计 281 根望柱和 279 块栏板（南侧比北侧分别多 1 个望柱和 1 个栏板），每一根望柱上均有石狮雕塑，桥栏板上则刻有花卉浮雕，整座桥的石雕内容丰富、形象生动。

在卢沟桥的各类石雕中，石狮以风格多样、形态和数量多而闻名，素有"卢沟桥的狮子数不清"的俗语。

从风格来看，卢沟桥的石狮表现出不同历史朝代的雕塑特点与风格。比如，金元时期的石狮身形瘦长，嘴内为实心；明代石狮身体短小，嘴方且大，内空；民国时期的石狮与其他朝代的石狮相比，在雕

卢沟桥上形态各异的石狮

刻技法和效果上均较为粗糙。

从形态上来看，卢沟桥的石狮形态各异、丰富多样。据著名建筑学家罗哲文先生在《名闻中外的卢沟桥》一文中的描述，卢沟桥的狮子或"昂首挺胸，仰望云天"，或"双目凝神，注视桥面"，或"侧身转首，两两相对"，等等，千姿百态，令人目不暇接。

第三章

轮势随天度，桥形跨海通：梁桥

在我国遗存的众多古代桥梁中，存在着大量梁桥，它们以主梁作为桥的主要承重部件，造型优美，形态各异，或掩映在青山绿水中，或横跨于湍流的江水之上，历经百年而不倒，彰显了建设者卓越的智慧和建造工艺。

桥端落坡成八字——八字桥

八字桥位于浙江省绍兴市的越城区，穿过鳞次栉比的房屋，顺着城中石板铺成的小路，来到八字桥直街东端，就能看到这座藏于白墙黛瓦中的古桥。

历史悠久的八字桥

八字桥始建于南宋嘉泰年间（1201—1204 年），是为了方便居民跨水和货物运输而修建的。近观该桥，相对的两个落坡的形状正好像个"八"字，于是得名八字桥。

八字桥曾经历多次修缮，南宋宝祐四年（1256 年），八字桥重建，清乾隆年间朝廷两次对其重修，民国时期再次修缮。中华人民共和国成立之后，政府先后两次对其进行修整，更换破损的石栏、石柱等，并采用现代技术对其内部进行加固，使得这座历经多年风吹雨打、日晒雨淋的古桥依然屹立在绍兴城区，为过往的人们提供便利。

八字桥

"古代的立交桥"

八字桥采用石梁桥结构，建在三条河流的交汇处，南接鉴湖，北通杭州古运河，由主桥和辅桥共同组成。

八字桥主桥为东西走向，桥长约 4.8 米，桥洞居于中间，桥洞宽约 4.5 米。主桥主体为略呈月梁形式的微拱桥梁，桥上两侧建有石栏。站在桥上，凭栏远眺，可以看到河两岸的民居商铺整齐地排列着，白墙黛瓦映入水中。

主桥两侧是相对而立的两座辅桥。西面的辅桥向西、南方向落坡，呈"八"字形；东面的辅桥向南、北方向落坡。两座辅桥中的南向落坡隔河相对，也呈"八"字形，并在桥坡下各设一个桥洞，通向另外的河流，这样的结构使得两座南向桥坡又形成了两座小桥，构成了"桥中有桥"的特殊结构。八字桥采用这种不拘泥于传统古桥的结构形式，不仅造型别致，而且实用性强，在全国古桥中也十分罕见。

八字桥贯通南北，连通三街三河，解决了古代复杂的道路交通问题，有"古代的立交桥"的美誉。

八字桥以及周边风景

列砥横流入望遥——永济桥

永济桥坐落于广西三江的林溪河上，又名程阳桥、盘龙桥，是侗乡寨子的村民自发募捐筹款建立的风雨桥。永济桥是典型的侗乡建筑，集桥、廊、亭三者于一身，极富民族特色，充满侗乡韵味。

木构桥亭巧设计

永济桥始建于民国元年（1912 年），整座桥梁建设历时 12 年。桥身长 64.4 米，宽 3.4 米，高 10.6 米。

永济桥采用木石结构，石砌的五个六面柱体桥墩撑起整座桥梁。桥墩之上使用木板搭建出平坦的桥面，桥面上搭有五座桥亭，桥亭之间以桥廊相连，构建出一个既可在晴日里歇脚赏景，又可在恶劣天气里遮风挡雨的大桥。

　　永济桥的设计者独具匠心，整座桥除了石墩之外，全部采用木质结构，且不用一钉一铆，通过凿、切，利用榫卯结构让木条相互咬合，木条与木条之间斜穿直套，虽然纵横交错但搭建得严丝合缝，既坚固又美观，展现了高超的建造工艺。

侗乡韵味十足的永济桥

🌉 侗乡建筑现风情

　　五座桥亭均采用侗乡建筑风格，桥亭顶部是四层塔式重檐，桥亭顶端装饰着由铁罐串成的"葫芦"，寓意着风调雨顺、年年丰收。在青瓦的映衬下，白色的亭檐翘角勾勒出优美的弧线，像一只只欲乘风归去的飞鸟展现着优美的羽翼。走到近处就会发现，在亭檐翘角处还

桥亭顶部与亭檐翘角的装饰

装饰着寓意好运的吉祥鸟，只只神采飞扬。廊檐处绘制着精美的侗族图案与花纹，别致美观，尽显侗族风情。

桥亭两侧还贴心地设置了长凳，劳累了一天的行人经过，坐在长凳上，彼此打个招呼，唠唠家常，从大桥上欣赏彩霞笼罩着的青山绿水，聆听潺潺流水声与林间小鸟婉转的歌声。大桥已经不只是人们跨越河流的交通方式，更是人们欣赏风景、寄托情感的地方。

融于自然美景中的永济桥

众人齐心修建永济桥

1912 年，为了方便村民们过河，侗族村寨打算修一座桥。当时修桥的资金不够，于是五十位领头人就发动村民自发募捐筹集建桥资金。

侗族村民们对公共建设十分支持，大家有钱的出钱，有木头的出木头，有力气的出力气。在侗族人共同的努力下，12 年后，大桥终于修成。这座雄伟壮观的永济桥不仅是工匠高超技艺的体现，更是侗族人团结精神的象征。

急流之上稳如山——虎渡桥

虎渡桥又名通济桥、江东古桥，是一座梁式石桥，坐落于福建省漳州市九龙江北溪下游，这里曾是闽、粤、湘三省的交通要道。

多次改建，终成石桥

虎渡桥始建于宋绍熙元年（1190 年），一开始架设的是浮桥。宋嘉定七年（1214 年），当时的郡守将浮桥改建为石墩木桥。宋嘉熙元年（1237 年），木桥毁于一场大火，于是当时的郡守在此地改建石桥，石桥建成后总长约 670 米，宽约 7 米，桥下有 15 孔桥洞。

几百年间，虎渡桥多次遭遇损毁与修复，至 1970 年，当地政府组织在古桥上加建钢筋混凝土公路桥。如今在公路桥下，依然可以看到古桥遗留的桥墩、桥面、残墩基等。

江南石桥，虎渡第一

虎渡桥是世界上最大、构件最重的石梁桥，虎渡桥的石梁平均重约 200 吨，在当时有限的建造水平下，建造者如何开采，如何将如此重的石梁架在湍急的水流之上，至今人们仍无法得知，这也更体现了古代建设者令人叹服的智慧和高超的建造工艺。虎渡桥的成功建设成为我国桥梁建筑史上的伟大创举。清代顾祖禹就曾在《读史方舆纪要》中写道："江南石桥，虎渡第一。"

"虎渡桥"得名的传说

相传，虎渡桥建设之初，是用船只搭建的浮桥，但浮桥并不稳固，人走上去摇摇晃晃，一不小心就有坠河的危险。宋嘉定七年，漳州郡守决定在水下立石墩，并在石墩上搭建一座木桥。奈何水流湍急，扔下的石墩还未稳固就被大水冲走了。

一日，一只猛虎驮着幼崽渡江，猛虎在激流中游过一阵之后，便停下休息片刻，然后再继续渡江，如此反复几次终于渡过江去。建桥的工匠大呼神奇，料得在猛虎歇息处必有坚固石阜，于是下水勘探，发现果然如此。于是郡守下令在坚固石阜处建筑石墩，再在其上铺木成桥。大桥建成后，为了让此桥能够济世利民，于是取名"通济桥"，人们又想到当初受虎负子渡江的启发才建成此桥，于是也称此桥为"虎渡桥"。

最美廊桥——北涧桥

廊桥也称虹桥、蜈蚣桥，桥上用梁柱撑起顶盖，形成一座长廊，为行人遮风避雨，供过往的路人休息。北涧桥位于浙江省温州市泰顺县，是当地遗留下来的众多著名廊桥之一。

无需桥墩的木构廊桥

北涧桥始建于康熙十三年（1674 年），桥长约 51.87 米，宽约 5.39 米，为叠梁式木拱廊桥。叠梁式木拱廊桥不需要桥墩，相邻的梁木之间相互穿插、别压从而形成拱桥。北涧桥两端的足部支撑在两岸的岩石上，两端的底座构成左右对称的八字结构。

北涧桥

　　廊顶依靠廊柱支撑，整座廊桥无需一钉一铆，完全依靠梁木自身的强度、摩擦力、所呈的角度等实现巧妙的搭接咬合，从而形成结构简单却异常坚固的廊桥。

　　廊顶使用灰色的瓦片铺成，屋顶转角处翘起伸向天空，恰似飞鸟

北涧桥桥顶及装饰

展翅，为厚重的廊桥增添了轻盈感。顶部屋脊处绘制着彩色的图案，

屋脊两侧装饰着两条体态矫健的金龙，中间是一颗闪闪发光的明珠，

寓意风调雨顺、吉祥如意。

北涧桥桥廊

充满诗情画意的最美廊桥

　　泰顺地处浙江南部，气候湿润，水系发达。远处的青山若隐若现，近处的溪水旁是郁郁葱葱的树林，树林掩映之中，北涧桥横跨溪水之上，红色的桥身，灰色的瓦顶，飞檐翘角，尽显婀娜。气势如虹的北涧桥与青山绿水构成了一幅美丽的山水画，同时北涧桥凭借自身鲜艳的色彩以及充满古典韵味的造型无疑成为这幅山水画的焦点，不愧为"世界上最美的廊桥"。

古溪诗画意 的北涧桥

高桥耸立接松翠——姊妹桥

姊妹桥，又名双木桥、高桥、五福桥，位于四川省绵阳安州区的茶坪河上，由两座桥共同组成。这两座桥不仅高度、宽度相似，样式也相似，因此当地人将这两座桥并称为姊妹桥。

姊妹桥建筑形式优美，周围高山林立，满目苍翠，郁郁葱葱的松树形成了一座巨大的绿色屏障，成为姊妹桥最美的底色。

姊妹桥建于元末明初时期，一开始此处使用石板搭桥，但桥体简陋，且无防护，因此时常发生溺水事件。清同治十一年（1873年），当地村民一起募捐筹款请专业的建筑工匠筑造了这座姊妹桥。

姊妹桥有两座廊桥，使用木材建成，桥的两侧建有防护栏，顶部铺设瓦片，整座桥呈灰色，颇有古韵，与周围静谧的环境相得益彰。

姊妹桥

姊妹桥的桥亭

桥上进履——圯桥

　　圯桥位于江苏省徐州市古邳镇内，具有上千年的历史。在千百年来，圯桥多次经历损毁与重建，最近一次重建是在 1981 年。

　　《史记》中记载着一个与圯桥有关的故事，即著名的"圯桥进履"。据《史记》记载，秦朝时期，张良来到邳县，在圯桥遇到一位老者。老者故意将鞋脱下扔到桥下，让张良帮他拾起穿上，张良看老者年迈便帮助了他。老者看张良是可塑之才，便多次考验他，最终老者认定张良为人谦逊、真诚，是值得信赖的人，于是将毕生所作《太公兵书》赠予张良。后来，张良辅佐刘邦，成就了一番伟大事业。

　　如今，经过上千年的时光，圯桥历经沧桑巨变，早已焕发新颜，但圯桥流传的故事，所承载的千年文化依然活在人们心中，并将一代又一代地传承下去。

立交桥的鼻祖——十字桥

　　十字桥位于山西省太原市晋祠镇中的晋祠内，坐落于圣母殿前。十字桥建于北宋崇宁元年（1102年），桥梁呈十字形，因此名为十字桥，是中国古代十大名桥之一，也是我国现存最早的十字桥，堪称立交桥的鼻祖。

　　十字桥位于圣母殿与献殿之间的方形池塘之上，连接两座殿宇。古人称方形池塘为沼，因塘中有鱼，所以又称其为鱼沼，十字桥就是鱼沼之上的飞梁，因此十字桥与鱼沼合称为"鱼沼飞梁"。这一名字还题写在距离圣母殿最远端的两根望柱上。

　　十字桥由34根小八角形石柱撑起，柱顶设有斗拱与纵、横梁连接，共同支撑桥面。桥的侧边架有白色汉白玉栏杆，栏板与栏板之间立有望柱。整座十字桥就像一只展翅欲飞的大鸟：十字桥的东西向直接通向圣母殿，桥面宽阔，似大鸟矫健的身躯；南北向通向圣母殿两侧，桥面逐渐降低，看上去恰似大鸟的羽翼。整座桥构思巧妙，造型

典雅，既满足了通行的需求，又兼顾美观性。游人在桥上凭栏赏景，
观鱼嬉戏，好不惬意。

晋祠圣母殿前的十字桥

通往圣母殿的十字桥桥身与题字望柱

十字桥桥下局部结构

黄公古渡——戊己桥

戊己桥，始建于清朝道光戊申年（1848 年），次年建成，这一年是己酉年，该桥取"戊申"和"己酉"的首字而得名戊己桥。

戊己桥位于浙江省宁波市宁海县，坐落于中堡溪上，全长约 150 米。桥面由多块长条石搭建而成，因建成之时桥下石墩形成 48 孔，故又名 48 洞桥。

戊己桥建成之前，人们想要过河，只能通过渡船。相传有一李姓留黄须的老人，常常身着黄色衣衫，撑船免费帮助来往的行人渡河。久而久之，人们就将乘渡船过河称为"黄公古渡"。后来，黄公建造了一座石桥想要永久造福乡邻，可惜石桥后来被大水冲毁。

戊己桥下的中堡溪，在不同季节溪水高度不同。雨季来临时，溪水上涨，有时还可能暴发洪水，漫过桥面。智慧的设计者根据溪水上涨的规律，在桥墩上进行了创新改造，将桥墩设计成两面不同的形制：迎水的一面为圆棱形，这样可以减少水流的阻力；背水的一面增加斜柱，斜柱抵在桥墩上，与桥墩、地面形成稳固的三角形，以增强桥墩的稳定性。这样的处理方式巧妙地缓解了溪流暴涨时桥墩面临的流水冲击，使得百余年来戊己桥一直稳固如初。

戊己桥被称为中国最长的柱脚式石桥，它虽然没有廊桥典雅，也没有虹桥优美，看上去平平无奇，但是普通的外表下坚固的内在体现出了设计者卓绝的智慧和无限的创造力。

雪域飞桥——波日桥

波日桥位于四川甘孜藏族自治州，坐落于激流汹涌的雅砻江上，其造型大气美观，极富地方特色，有"康巴第一桥"的美誉。

波日桥始建于清朝时期，由当时的藏族建筑大师唐通吉布负责设计及建造。

大桥雄伟壮观，全长125米，宽3米，整体可分为桥墩、桥身以及桥亭三部分。桥墩呈圆弧形，建造者使用圆杉木、卵石、片石相间叠砌，然后再用树藤缠绕使其固定，最后形成状如碉堡般的厚重桥墩。

设计者在两个桥墩之间架设多根圆木，圆木长度由下到上依次递增，形成两个拱形悬臂梁，用以支撑桥面。这种伸臂桥结构使得桥面受到的压力可以通过悬臂梁层层传递分解，将一部分力转移到桥墩，从而减少桥面所受的压力，令大桥更加稳固。

波日桥的桥身使用长条木板搭建而成，桥亭呈伞状，位于桥墩正上方，采用石片叠成。整座大桥使用木材、石片等天然材料，依靠木楔连接结合，不使用一钉一铆，实用而坚固，体现了建造者高超的建造工艺，彰显了独特的雪域文化。

横跨于雅砻江上的波日桥

第四章

潮生共汐落，浮水浴江河：浮桥

古时建造的浮桥有很多，如富平津桥、建春门浮桥、镇远桥、虎牙浮桥、利涉浮桥、笋江桥等，这些浮桥各有各的魅力与风采，有的因年代久远而彻底消逝于历史长河中，有的则保留旧貌至今。

　　浮桥的出现使得中国的桥梁文化内涵更丰富，底蕴更深厚。古浮桥曾见证历史的变迁，也成为时代的印记，深深烙印在国人的心中。

构通南北，便输天下——富平津桥

所谓"造舟为梁"，是指将船并成一排作为桥梁，再在船上铺设木板，便形成了浮桥。建于西晋时期的富平津桥就是一座典型的浮桥，它建于湍急的黄河上，是晋代较为著名的桥梁之一。

《晋书·武帝纪》中记载了富平津桥具体的建造时间："泰始十年（274年）九月，立河桥于富平津。"

富平津桥的建造者为魏晋时期的军事家杜预，也是唐代大诗人杜甫的先辈。杜预建桥，与其祖父杜畿不幸罹难有关。杜畿是曹魏大臣，在他62岁那年，奉命监造御楼船，却在试船时丧生于风浪之中。这件事令杜预耿耿于怀，一直铭记在心。后来，杜预向晋武帝提出要在富平津建桥，却遭到了群臣的反对，大家都认为此事很难完成。杜预力排众议，决心要建一座浮桥，以免祖父的不幸遭遇一再发生。在他的坚持下，工匠们信心大增，最后建成"构通南北，便输天下"的富平津桥。

　　岁月匆匆，从晋朝至今天，已经过去了千年，而这座古老的浮桥早已消逝不见，人们唯有通过古籍上的寥寥记载去追忆它当年的风采。

百舟并束承古今——建春门浮桥

江西赣州古城，是人们心中当之无愧的"江南宋城"，这里有著名的涌金门、八镜台和通天岩，还有历史悠远、高大雄伟的古城墙。另外，古城建春门外的贡江上还横架着一座历史悠久、声名显赫的古浮桥，即建春门浮桥，又称东津桥、惠民桥等。

工程浩大的宋代浮桥

赣州三面环江，北宋时期，这里的林木业和造船业较为发达，水运便利，那时人们出行、渡江主要是借助舟桨。随着赣州经济越发繁荣，其城市地位与日俱增，在各方面条件都较为成熟的情况下，当时的赣州府衙计划在宽阔的大江上修建起一座长长的浮桥，来连接贡江两岸，以满足当地人们日益增长的出行需要。

北宋熙宁年间，赣州城西津门外的章江上建起了一座浮桥，称为西津桥。这件事被记载在《赣州府志》中："西津桥，在西津门外，旧名知政。宋熙宁间知军刘瑾始造浮梁。"

西津桥完工后，赣州府的知军（此时为洪迈）又主持修建起了第二座浮桥——建春门浮桥。关于此事，《宋史》中有着这样的描述："乾道六年，除知赣州，起学官，造浮梁，士民安之。"

建春门浮桥的修建工程更浩大，修建时间也更长，等这座浮桥落成后，当地百姓的生活变得更加便利，而建春门浮桥也被当地人们称为惠民桥。

浮在水上的活历史

建春门浮桥历经 800 多年风雨沧桑却始终保持着旧貌，堪称浮在水上的活历史。这一国宝级文物连同城里城外的诸多历史遗迹一起，将北宋社会风貌与赣州地方文化展现得淋漓尽致。

俯瞰建春门浮桥

名副其实的赣州奇观

建春门浮桥是直浮桥，全长 400 多米，宽约 5 米（原约 3.5 米，后加宽）。北宋的能工巧匠们利用缆绳、铁索，将 100 只木船串联成一条笔直的线，并在船上依次铺设木板，形成桥面，从江这头到江那头，连成了一道长长的浮桥，远看像一条长龙卧在贡江上。

　　和其他浮桥一样，建春门浮桥也便于拆解。在古代，每当江心有大船通过或水运繁忙之时，可随时拆解部分船只，以保持水运顺畅。到了洪水肆虐时节，也可视情况拆解桥船，并驾船靠岸，以保证安全。

　　构造独特美观、具有重要历史价值的建春门浮桥，被誉为赣州奇观之一，也成为赣州人民心中的骄傲。

建春门浮桥的桥面

建春门浮桥之今貌

自建成至今的 800 多年间，建春门浮桥多次遭遇损毁，后又被不断修葺、翻新，慢慢变成如今人们所熟知的模样。今天，建春门浮桥仍旧发挥着重要的交通功能，便利着贡江两岸人们的生活。

浮桥的一头，是古韵悠长的赣州古城，另一头则通向繁华的集镇，当地居民早已习惯了穿越长长的浮桥，在阵阵涛声和江风中一边闲话家常，一边慢悠悠地进出古城。而当游人们慕名而来，踏上那浸润着历史风霜的木板时，却总是心潮澎湃，渴望触摸到历史的温度。

浮桥旁边往往停靠着很多渔船，渔民们将辛苦打捞的渔获挂在船头，向过往行人卖力地吆喝着，行人穿梭其间，仿佛经过一个个热闹的小型集市。绵长的历史古韵和浓厚的人情味，构成了建春门浮桥今日的独特气质和面貌，让人沉醉其中，流连忘返。

岁月悠悠，古浮桥静静卧在那里，用满身的风霜印记诉说着当年的故事。它是赣州历史发展的缩影，也承载着当地人民的情感和记忆。

赣州的古浮桥之三：南河浮桥

赣州的古浮桥不只有建春门浮桥和西津桥（即西河浮桥），还有南河浮桥。

西津桥和建春门浮桥修建完工后，南宋淳熙年间，在当时的知军周必正的主持下，赣州的第三条浮桥南河浮桥的修建工程正式开启。南河浮桥横跨于章江水面上，规模巨大，深受当地百姓的喜爱。

西津桥、建春门浮桥和南河浮桥这三条古浮桥一直沿用到近现代，后来，西津桥和南河浮桥相继被拆除，只留下遗址。2006 年，南河浮桥被重建，继续发挥着通行功能，也成为赣州城的特色景观之一。

黄河第一桥——镇远桥

镇远桥，建于明朝洪武年间。这座浮桥曾名扬天下，有着"黄河第一桥"的美誉。在历史行进过程中，镇远桥几番改头换面，从浮桥到铁索桥，承载着厚重的历史记忆，是兰州地标性建筑之一。

天下黄河第一桥

明洪武年间，大将徐达率领当时的造桥工匠们在兰州城北通济门外的黄河边上开启了镇远桥的修建工程。工匠们用铁链、铁锚将20多艘大船固定在黄河水面上，缚系大船的铁链两头分别连接在两岸的铁柱上，再在大船上铺设木板，连接成桥，镇远桥便基本完工了。

在镇远桥之前，兰州黄河一带几乎没有固定的桥梁。黄河水流湍急凶险，却有渡无桥，对于当地的民众来说，无疑是很不方便的。镇远桥的修建，极大地方便了当地人们的生活，改变了兰州黄河一带有渡无桥的情况，被人们誉为"黄河第一桥"。

镇远桥落成后，持续使用了500多年才渐渐退出历史的舞台。有了这座浮桥，兰州一跃成为黄河交通要塞之地，商贾往来频率也大大增加。可以说，镇远桥极大地推动了兰州乃至整个黄河上游的经济发展，使得当地人民的生活水平得以提升。更重要的是，镇远桥同时起到了控扼要冲、完善西北边防体系的作用。

从镇远桥到中山桥

由木船、木板等搭建而成的浮桥很容易腐坏，经受不住风霜的侵袭，而且每到冬季，黄河冰面上都会结上一层厚厚的坚冰，此时浮桥便无法投入使用，于是当时的人们总是在冬季拆除浮桥，到了春回大地、冰块渐渐消融时又去重新搭建浮桥，十分麻烦。

随着兰州一带经济越发繁荣，每年都会"缺席"一段时间的浮桥渐渐无法满足当地人们的出行需求。清光绪年间，在朝廷的支持下，新一代镇远桥的修建工程正式开启，耗时三年，才最终落成。新建的桥并不是浮桥，而是更坚固的铁索桥（其延续了镇远桥之名）。

民国十七年（1928 年），为纪念孙中山先生，兰州黄河铁桥被改名为中山桥。虽然镇远桥一名最终隐没在历史尘埃中，逐渐不为人所知晓，但其"黄河第一桥"的名头却代代相传，为人们铭记至今。在如今的中山桥的桥头上，竖立着一块古色古香的石碑，石碑上刻写着"黄河第一桥"五个大字，引人注目。那遒劲典雅的字迹里，藏着中山桥的前世今生。

兰州中山桥桥身设计简洁，曲线流畅，具有较强的艺术性。远远望去，整座铁桥造型优美，气势非凡，极具审美价值。

自建成至今，中山桥曾经历战火的侵袭，也曾因意外而遭受重创，但都得到及时的抢修。而且，在抢修过程中，其桥面得以加宽，桥身也被重新装饰，变得焕然一新。

"黄河第一桥"石碑

2004 年，兰州市组织人力对中山桥进行了一次大规模的改造、重修，并宣布中山桥上此后不再通车，将成为永久性的步行桥。2006 年，兰州中山桥被列入第六批全国重点文物保护单位。

如今，中山桥已经变成兰州的重要景点，游人们纷至沓来，就是为了一览黄河铁桥的风采。每当夜幕降临，中山桥桥身灯光闪烁，和周围大厦上闪烁的霓虹灯交相辉映，美不胜收，令人赞叹。

中山桥

长江第一桥——虎牙浮桥

　　四川人在长江上架设桥梁的历史十分悠久，最早可追溯至东汉时期。据《后汉书·岑彭传》记载，东汉建武年间，在四川雄霸一方的公孙述曾下令在荆门和虎牙一带的长江江面上建起一座浮桥，这便是著名的虎牙浮桥，又称江关浮桥。

　　虎牙浮桥阻断了江面，有效阻止了汉军驾舟侵入蜀地。浮桥虽然搭建起来较为省力，却也容易遭受毁坏。汉军名将岑彭为了攻破这道屏障，下令火烧虎牙浮桥，千古名桥就此毁于一旦。

　　从建造工艺、桥体规模等方面而言，虎牙浮桥确实难以和后世所建浮桥相比拟（如建于宋代的横跨长江的采石矶浮桥或同样建于川江上的涪州浮桥等），但是从建造时间而言，它是当之无愧的"长江第一桥"，而这一美名也传承至今。

鱼贯轻舟影不流——利涉浮桥

利涉浮桥始建于宋嘉定四年（1211年），位于今天的浙江省台州市黄岩域内。

南宋文学家叶适在其作品《利涉桥记》中较完整地记录了这段史实。在叶适看来，建造利涉浮桥是一件利民大事，该桥落成并投入使用后，往日"奔渡争舟，倾覆蹴踏之患"大大减少，而且浮桥两岸风景秀丽，栋栋房屋掩映其间，桥上行人往来络绎不绝，一片热闹、富裕的景象。元朝潘士骥也曾作诗称赞利涉浮桥："鱼贯轻舟影不流，蚁移过客何时了。"

利涉浮桥总长约300多米，一共使用了40艘桥船串联而成。到清朝年间，利涉浮桥原先的竹缆被改换成铁缆，薄板小船也被换成结实的大船，这些重修措施使得利涉浮桥焕然一新，变得更加牢固和安全。

民国时期，利涉浮桥因自然灾害而损毁，后又被修复，继续发挥着它的使命。1955 年，利涉浮桥被迁至七里渡，就此改名为七里浮桥。

如今，七里浮桥也已经消逝在历史的风霜中，其旧址上也建起了新的桥梁。

笋江月色无处寻——笋江桥

笋江桥，即泉州浮桥，又称石笋桥，建于 800 多年前。笋江桥长 200 多米，气势宏伟。

在历史上，笋江桥曾发挥着重要的作用，是当地的交通要道，维系着百姓的生计，承载着百姓的烟火人生。

与其他浮桥不同的是，笋江桥使用的是构造较为特殊的高脚船，桥身相连的舟船之间都会形成一个桥洞，每当月亮升起之时，江面波光粼粼，每个桥洞里都映出一轮月影，景象奇特迷人，因此被人们称为"笋江月色"，是当地名景之一。

据史料记载，北宋皇祐年间，泉州郡守组织建造了浮桥，名为履坦桥，它是笋江桥的前身。到了北宋元丰年间，履坦桥被重修，改名为通济桥。

明代万历年间的《泉州府志》中有着这样的记载："绍兴三十年，僧文会始作石桥，长八十余丈。"意思是说，南宋绍兴三十年，名僧文会倡议修建石桥，后在各方的协调、努力下，花了近十年的时间，原先的浮桥才成功被改建为石桥。建成后的石桥全长 260 多米，延续浮桥的十五座桥墩，整体坚固、美观，十分引人注目。

此后，石桥又被改名为石笋桥、笋江桥，这些名称也传承至今。

如今再到石笋桥，只见当年精致、宏伟的笋江桥早已经变得残破不堪，两边桥头消失不见，只余一截桥身孤零零地立于江面上，笋江月色的景致也无处寻觅。

不过，人们会惊喜地发现古桥残破的身躯前方早已立起了一座现代化的大型桥梁，它像一条矫健的游龙横跨于江面上。这座大桥建于 1997 年，位于原笋江桥上游 60 米处，桥长约 247 米，依旧被当地的人们亲切地称为笋江大桥。

今日的笋江桥负载着古桥昔日的荣光，在往后的岁月中将继续发光发亮。

"毗邻而居"的新旧笋江桥

黄河两岸铁牛遗踪——蒲津桥

蒲津桥是一座历史名桥，其位于山西省永济市，横跨于黄河之上。在不同的历史时期，蒲津桥都发挥了重要的历史作用，对当地的社会发展作出了巨大的贡献。

蒲津桥最初由秦公子鍼（即秦桓公之子）于公元前541年所建，《初学记》中就有这样的记载："公子鍼造舟处在蒲阪夏阳津，今蒲津浮桥也。"公子鍼建造的浮桥构造简单，拆除起来也比较容易。这座浮桥存在的时间不长，在秦公子鍼过河后便被拆除。

到了战国时期，秦国君主秦昭襄王曾两次下令在蒲津关建造浮桥。第二次建桥时，是在秦昭襄王五十年。《史记·正义》记载："秦昭王五十年（公元前257年）初作河桥，在同州（今大荔）东渡河，即蒲津桥也。"秦昭襄王下令建造的浮桥留存时间都不久，只因这样的浮桥大都是出于军事需要所建造的，在当时并不算是完全的民用设施，很多时候都是用后随即拆除。

此后，从汉高祖刘邦至隋文帝杨坚，这几百年间，一代代统治者曾相继下令在蒲津关上架设起浮桥，这些浮桥大多沿用蒲津桥的称谓，差不多都是用竹缆连舟的方式建成的，较为简陋，难以承受岁月风霜的侵蚀。

到了唐代开元年间，兵部尚书张说向朝廷上书，指出蒲津关自古是兵家重地，但此时的蒲津桥早已破败不堪，难以发挥作用，提议改建蒲津桥，唐明皇应允了这一提议。

唐开元十二年（724年），唐明皇一声令下，蒲津桥的改建工程正式开启。唐朝的桥梁工匠们先是将串联舟船的竹缆换成铁链，并加急铸造沉重坚固的铁牛、铁人、铁山等来充作浮桥的地锚，置于桥头两岸，同时在两岸增设高大桥门，这些举措都令蒲津桥焕然一新。

改建工程完成后，蒲津桥越发雄伟壮丽，它横卧于滔滔黄河之上，持续发挥着交通枢纽的作用。可惜的是，在金朝末年，蒲津桥被大火焚毁。虽然随后也曾被修复，但最终渐渐消逝于历史的尘埃中，而浮桥两岸的铁牛则一直保存到清道光年间。后来，因黄河东移，这些铁牛、铁人等全都被黄河水和浮沙所淹没，踪迹全无。

直到1989年，唐开元铁牛慢慢浮出了水面。当沉默许久的铁牛抖落一身风霜，正式亮相于世人面前时，所有人都为眼前的奇观所震惊。这些铁牛是如此生动逼真、威武雄健，让人不得不感叹唐代工匠们精湛的冶金铸造技术和独到的审美情趣。

唐开元铁牛、铁人

第五章

飞虹挂碧空，水深一弦通：索桥

索桥是用绳索、铁索等工具悬挂起来的桥梁，多建于高山峡谷之中，常见于我国南方地区。索桥距离河面或地面较高，因而索桥的稳固程度是建桥的关键。

　　索桥的建造历史悠久，早在秦汉时期便有了关于索桥的记载。索桥有藤索桥、竹索桥、铁索桥等不同的种类，现存的索桥以铁索桥居多，如安澜桥、泸定桥等著名索桥都是铁索桥。

中国最早的铁索桥——樊河桥

樊河桥位于陕西省汉中市，始建于西汉，据樊河桥桥碑所记，樊河桥相传是大将樊哙组织修建的，所以名为樊河桥。

根据明朝桥碑《马道驿樊河桥记》所载，樊河桥曾被冲毁，之后"居民恒架茅其上，随构随覆"。直到嘉靖年间，当地官府在原址组织修建了木石梁桥，依旧名为樊河桥。但梁桥容易被河水冲毁，修缮不断。

清道光年间，梁桥改建为铁索桥，沿用樊河桥之名。铁索桥全长约 32 米，桥面宽约 2 米。桥梁整体为南北走向，桥面铺着木板，供人通行。两岸建有桥墩，铁索固定在桥墩上。1951 年，樊河桥桥身断裂，之后又经山洪冲击，如今只有桥基尚存。

安渡狂澜的夫妻桥——安澜桥

安澜桥位于四川省都江堰市，建于岷江之上，全长约320米，是我国五大古桥之一。

安澜桥原名为珠浦桥，宋朝时改名为评事桥，明朝改桥为渡，名伏龙渡。明朝末年安澜桥毁于战火，新桥迟迟未建，人们只能乘船渡河，不少人因此葬身于汹涌的河水之中。

直到清嘉庆年间，一位名为何先德的私塾先生在经过长久的调查后提议重新修建索桥，并多方游说，四处筹集资金。在何先德夫妇和当地人的共同努力下，终于建成了新的索桥。

新建索桥为竹索桥，以木板为桥面，桥两侧都建有扶栏。竹索桥建成后，很是稳固，即便桥下波涛汹涌，人们也可从桥上安全过河。于是，人们便取"安渡狂澜"之意，将其命名为安澜桥。当地人民为了纪念何氏夫妇的功劳，也将其称作"夫妻桥"。

安澜桥自建成后便一直被使用，直到1964年毁于山洪。原有

安澜桥今貌

桥梁被毁后，人们建了新的索桥，并将木质桥桩改为了混凝土桥桩。1974年，因修建外江闸门，安澜桥从原址处下移了100米左右，改为钢索建造，更为牢固。

安澜桥的桥面与栏杆

郁江堤与支那桥遗迹

铁索跨激流——泸定桥

泸定桥位于四川省甘孜藏族自治州，是一座建在大渡河上的铁索桥。河流处于峡谷之中，两岸崇山峻岭，水流湍急。

泸定桥建于清康熙年间，桥长约 103 米，宽约 3 米，桥面铺设木板，两侧有扶栏。整座铁索桥由 13 条铁链固定，以铁环相扣，坚固异常。建成后，泸定桥几经修缮，一直留存至今。泸定桥两岸的桥头堡同样是清朝时期的古建筑，颇具地方特色。

泸定桥

泸定桥的桥面与桥头古建筑

飞夺泸定桥

1935 年 5 月，红军长征到达大渡河，需要尽快过河。因此，红军决定夺取泸定桥。敌军为了阻止红军过桥，便将泸定桥上的部分桥板拆毁。红军为了过桥，组织了一支由22 人组成的夺桥突击队。突击队成员顺着铁锁链向桥头爬去，在桥上铺设木板，方便大部队过桥。突击队成员冒着枪林弹雨顺利到达桥头，夺下了泸定桥。

飞夺泸定桥是红军长征时期的里程碑事件，为红军北上奠定了坚实的基础，在中国革命史上具有重要意义。

茶马古道上的云带——云龙桥

云龙桥位于云南省漾濞彝族自治县，是建于漾濞江上的铁索桥，始建于明朝，初建时为铁索桥，后改建为钢缆索桥。

云龙桥全长约 40 米，桥面宽约 3 米，以木板作桥面，两边有扶栏，两岸建有桥亭。《徐霞客游记》中有关于云龙桥的记载："抵漾濞街。居庐夹街临水，甚盛。有铁索桥在街北上流一里。"徐霞客于明崇祯九年起游览浙江、云贵等地，可见此桥在明崇祯年间就已经存在了。

博南古道是西南丝绸之路中极为重要的一段，而云龙桥则是博南古道上唯一留存下来的古桥。茶马古道在漾濞与博南古道重合，因而云龙桥也是茶马古道上的重要通道。

漾濞地势险要，江水湍急，云龙桥架于江上，如彩虹凌空，无比宏伟壮丽。云龙桥建造历史悠久，几经修缮，将中国工匠的技艺传承至今，具有重要意义。

云龙桥

铁索凌空起——云岩寺桥

　　云岩寺桥是建于云岩寺内的铁索桥。云岩寺位于四川省江油城北的窦圌山中。窦圌山山势高耸，多陡峭悬崖，为丹霞地貌。李白云游时经过此山，留有诗云："樵夫与耕者，出入画屏中。"可见窦圌山之奇险。

　　云岩寺建于窦圌山的山腰处，始建于唐朝，明朝时被毁，清朝又经重建，留存至今。窦圌山有三座山峰，每座峰顶都建有寺庙。然而，山间道路过于险峻，山寺僧人为了往来方便，便在山峰之间建起了索桥，也就是云岩寺桥。

　　据《江油县治》记载，索桥始建于唐朝，最初为竹索桥，后改为铁索桥，目前存在的铁索是清朝时期的。

　　铁索桥由两根铁链组成，一根踩于脚下，一根用作扶手，脚下便是万丈深渊，极为惊险，桥头有题词曰："飞仙可渡"。即便如此，山寺僧人依旧能在索桥上自如行走，人们便将这一技艺称为"铁索飞渡"。2018 年，"铁索飞渡"被列入了第五批省级非物质文化遗产代表性项目名录。

云岩寺桥

第六章

桥下春波绿，惊鸿照影来：拱桥

在中国传统桥梁中，石拱桥是基本的形式之一。传统石拱桥遍布祖国各地，保留至今的有永通桥、观音桥、丰干桥、小商桥、潮音桥、万宁桥等。它们千姿百态，古韵绵长，守护着一方水土，见证了历史沧桑变化，将古代劳动人民的智慧展现得淋漓尽致。

蛰启春龙势欲飞——永通桥

永通桥，位于河北省石家庄市赵县，当地百姓习惯称其为小石桥。永通桥建桥年代久远，且造型优美、结构精巧，是我国古代桥梁建筑的代表之一，也是我国历史文化遗产中不可分割的一部分。

赵州桥的姊妹桥

永通桥与赵州桥（即安济桥）并称"姊妹桥"。永通桥的名气虽然比不上赵州桥，但在建造工艺上却是不遑多让，各具特色。

永通桥始建于唐代宗永泰年间，比赵州桥的建成年代晚160多年，但和赵州桥同属敞肩石拱桥。永通桥桥长30多米，宽6米多，桥两端肩部开有孔洞，桥面两旁立有 22 根望柱。相比赵州桥，永通桥的坡面更平缓，利于行人、车马安全通过。

永通桥桥身栏板内外面上、主拱及小拱的券脸上都刻有各种繁复的纹饰和鸟兽、山水、人物等图案，处处生动传神。从雕刻手法、风格等判断，这些精美的纹饰、复杂的图案并不属于同一朝代的雕刻作品，有的呈现出浓浓的唐代石雕的风格特征，有的明显属于明代或清代的石雕作品，让人印象深刻，见之忘俗。

永通桥的形制规模不如赵州桥宏大，但凭着流畅精美的外形和桥身上精致复杂的石雕艺术，亦在中国桥梁史上留下了浓墨重彩的一笔，堪称古代桥梁建筑的杰作。

北宋的杜德源在担任赵州（今赵县）刺史时，曾不止一次地游览永通桥，他有感而发，作诗称赞道："并驾南桥具体微，石材工迹世传稀。洞开月夜轮初转，蛰启春龙势欲飞。"

敞肩古桥的经典范例

永通桥造型独特，属于典型的敞肩圆弧石拱桥 [1]。简单而言，永

① 从技术工艺上来看，古代石拱桥分为敞肩圆弧石拱桥、厚墩厚拱石拱桥、薄墩薄拱石拱桥这三种类型。

通桥采取的是大券上趴伏小券的造型设计，给人以两肩敞开的视觉观感，这种设计既能减轻拱桥自身的重量，还能在汛期发挥独特的作用，即稳固桥身、增强桥梁的泄洪能力。

敞肩圆弧石拱桥为赵州桥首创，永通桥则承继了赵州桥的建造工艺，在整体结构和艺术风格上与赵州桥如出一辙，却又有着独特的变化，可以说，是永通桥将这种特殊形制发扬光大，堪称敞肩古桥的经典范例。

自永通桥之后，古代工匠建造弧形敞肩拱桥的水平有了不小的进步，"敞肩拱流派"也渐渐形成，并慢慢走向成熟。

一虹横枕翠微间——观音桥

观音桥是一座造型精美的古桥，其横跨于三峡涧上，屹立千年而不倒，是我国保存最完好的古代拱桥之一，有着珍贵的历史价值。

神施鬼设，巧夺天工

观音桥，原名栖贤桥，始建于北宋初年，当地百姓却因桥侧建有观音庙而习惯称其为观音桥。它是一座用石头砌造的单孔拱桥，位于江西省庐山栖贤谷悬崖之上，靠近五老峰和玉渊潭。

观音桥的建造者是北宋年间的陈氏三兄弟，即陈智福、陈智汪和陈智洪。陈氏三兄弟是当阳一带（今江西省九江市）知名的石匠，手艺精湛，经验丰富。陈氏三兄弟在经过精心的设计与辛苦的实践后，耗费数年，最终架设起一座结构严谨、远远望去极为壮观雄奇的石桥。建成后的观音桥也极大地便利了当地人们的生活。

观音桥长约 24 米，宽 4 米多，高约 10 米，气势宏伟，如一条飞龙蛰伏于悬崖之上。整座桥用 100 多块大花岗岩砌筑而成，桥身宽阔，桥面平坦易行，整体造型雄奇中不乏秀丽，古朴而又不失精美，不愧是南国桥梁建筑史上的明珠。

观音桥畔绿意葱葱，风光旖旎，桥下三峡涧水奔流不息，怒涛咆哮，给人以惊心动魄之感。见此美景，元代文学家欧阳玄曾作诗盛赞道："百尺悬潭万道山，一虹横枕翠微间。半天云锦开青峡，几地轰雷撼玉关。"

想要在怪石嶙峋、陡峭难行的悬崖上架起石桥已经是一件无比艰巨的事，况且要保证石桥足够稳固、结实，能长年累月地经受激流、飞瀑的冲刷和岁月风霜的侵蚀而不倒，无疑是难上加难。由此可见宋代建桥技术之先进和古代匠人建造智慧之高超。难怪古人在游览观音桥后，都会由衷地发出赞叹："神施鬼设，巧夺天工。"

当文人墨客们踏上观音桥

观音桥在古代声名隆盛，历代文人墨客都曾慕名前往庐山三峡涧探幽访古，饱览观音桥的风采。

宋代大文豪苏轼就曾在游览观音桥后有感而发，作诗盛赞观音桥："空濛烟霭间，澒洞金石奏。弯弯飞桥出，潋潋半月彀。"同为宋代诗人的王十朋也挥笔写就了这样的诗句："三峡桥边杖履游，此身疑已到夔州。题诗欲比真三峡，深愧词源不倒流。"

北宋诗人黄庭坚也曾作下一篇洋洋洒洒的《栖贤桥铭》，将自己游览此桥后的感悟全都写入了文章里。除此之外，曾作诗歌咏观音桥的文人还有晁补之、杨万里、朱熹、屈大均等，不胜枚举。

文人墨客与观音桥的缘分一直持续至今，留下了一段段动人的历史故事，让人们津津乐道。

一行到此水西流——丰干桥

丰干桥位于浙江台州天台山深处，卧伏在千年古刹国清寺旁。这座年代久远的单拱桥保存较为良好，整体造型简洁古朴，一定程度上反映了古代拱桥的建筑特色，颇具艺术性和研究价值。

千年古桥，气韵悠然

清康熙年间的《天台县志》上有着这样的记载："五峰双涧桥，国清寺前，宋景德三年建。"由此可知，丰干桥是一座宋代拱桥。但现代学者遍寻古籍、实地考察与反复论证后发现，丰干桥的建成年代远远早于宋朝，早在隋朝时，便已经建成此桥。

丰干桥曾被称为五峰双涧桥、定命桥等，后改名为丰干桥是为了纪念曾居住在天台山国清寺的唐代高僧丰干。

丰干桥是单孔石拱桥，全长 14 米多，桥宽不足 4 米。其主拱圈是用较大的卵石、块石砌筑而成，桥两端拱脚则稳稳置于两边河床基石上，整体造型优美、秀丽。桥身拱轴线呈椭圆形，线条流畅，柔中

古韵十足的丰干桥

带刚，给人以雅致、舒适的视觉感受。

丰干桥桥身两侧设有栏杆，栏杆上略作雕饰，颇具古拙之美。桥面也是卵石铺设而成，较为平坦。

丰干桥周围古树林立，绿意葱茏，桥下涧水幽幽，汩汩东流。这里有着著名的"双涧回澜"之景，游人们每每慕名而来，总不自觉地

沉醉其中，赞叹不已。

　　所谓"双涧"，指的是当地两条不同发源地的溪涧，它们不舍昼夜地向着同一个目标——丰干桥流去，而当两涧在丰干桥交融汇聚后，便不分你我地携手奔赴东边的赭溪。每逢大雨倾盆，丰干桥下两涧汇聚，一清一浊，回旋、翻滚形成大小旋涡，这一气势壮观的"回澜"景象反而衬托得古桥越发沉静悠然，美得难以诉说。

用卵石铺砌而成的丰干桥的桥面

千年岁月，悠悠而过，古桥在默默守候一方水土的同时，亦在四季轮换、静默时光中积聚、酝酿着古典文化气韵。

一行到此水西流的典故

丰干桥畔立着一块石碑，上题七个大字："一行到此水西流"。这块石碑从何而来？背后又有着怎样的故事？

相传唐玄宗开元九年（721 年），一行禅师突然来到天台山国清寺。原来一行禅师奉命编撰新历，被一道天文学难题难住，苦思不得其解。见编撰新历的进度受阻，他心急如焚。

后来，听闻国清寺中的达真大师精通算术，造诣深厚，一行禅师大喜过望，他立即收拾行装，急匆匆地奔赴云台山，准备诚心请教以解决难题。当一行禅师终于到达国清寺时，达真大师也率领着众弟子前往恭迎，双方在丰干桥上相聚。此时正值大雨倾盆，丰干桥下的涧水与雨水汇成一股急流，一反常态地回旋向西。

瞧着这"双涧回澜"的景象，达真大师感叹道："一行禅师不远万里，跋涉而来，连流水都为其感动！"经过刻苦钻研，一行禅师最终完成了《大衍历》的编撰工作。后来，人们为了纪念一行禅师，在国清寺丰干桥旁立下一行碑，而"一行到此水西流"的典故也流传至今。

国清寺的一行碑

怒发冲冠凭栏处——小商桥

小商桥是敞肩式圆弧坦拱石桥，位于河南省临颍县，因建于颍河支流小商河（原名小澱河）之上，故被称为小商桥。

小商桥桥长超过 21 米，宽 6 米多，桥面用大块的青石铺砌而成，平坦易行。桥身用坚硬耐磨、不易风化的石英质砂岩制成，既结实又美观。其大拱弧度较缓，两侧各趴伏着两个小拱，如此设计能大大减轻桥梁本身的重量，令桥身变得更坚固，更能经受得起洪水的冲击。同时，大小拱相交处还镶有龙头，也能起到加固桥身的作用。

步入小商桥，会发现桥面两侧都设有栏杆、望柱，上面刻有各种寓意吉祥的图案。尤其是大小拱券上的雕刻，精美异常，有的券石上刻有猛兽、祥云，有的刻有莲花、牡丹，都十分生动细腻，分外传神。

其实，从外观上来看，小商桥并不是那么的雄伟壮观，同一些名

小商桥

桥相比，它甚至显得有点貌不惊人，然而，就是这座貌不惊人的古桥，却有着"天下第一桥"的美誉。这要从小商桥的建造年代和历史文化价值说起。

学界普遍认为，小商桥建于隋开皇四年（584年），早于同样建于隋朝的赵州桥。《临颍县志》上的记载佐证了这一说法："小商桥在城南二十五里，跨颍水之上，隋开皇四年建，元大德间重修。"

正因如此，有学者提出这样的观点：我国现存最古老的石拱桥并不是赵州桥，而应当是小商桥，有了小商桥的成功修建所积累下

小商桥的桥面

的丰富经验，古代工匠们在赵州桥的修建过程中少走了不多弯路。这种说法正确与否，仍然存在争议，但毋庸置疑的是小商桥设计科学、造型精致，在历史上地位独特，对后代石拱桥的建造起到了深远的影响。

另外，作为国内仅存的、保留较完好的几座古代敞肩圆弧石拱桥之一，小商桥有着珍贵的历史文物价值和艺术观赏价值。组成小商桥的诸多桥梁构件中，有的是宋金时期的产物，有的则带有浓浓的元明清时代的建筑风格，这些都为今人研究古代桥梁建筑特色和发展特点提供了翔实丰富的史料。而且，小商桥桥身雕刻具有极高的观赏价值和艺术性，将我国古代石雕艺术特定时代的审美特征体现得入木三分，令人印象深刻。

值得一提的是，据说当年岳飞就是在小商桥上写下那首著名的《满江红》："怒发冲冠凭栏处，潇潇雨歇。抬望眼，仰天长啸，壮怀激烈。三十功名尘与土……"

转眼已过去千年，旌旗猎猎、战鼓雷鸣的场景早已不见，小商桥旁处处花红柳绿，一派安乐祥和的景象。悠悠古桥，串联古今，它亲身参与了社会的发展，见证了岁月的变迁。

沧桑古桥，见证风云岁月

其貌不扬的小商桥背后，还藏着一段血雨纷飞、惊心动魄的历史故事。相传宋高宗绍兴十年（1140年），大将岳飞率领手下在小商桥附近与金兵展开了一场激烈的战争。在岳飞及部将杨再兴的精妙部署和步步紧逼下，金兵不得不连连后退，狼狈而逃。

可是几天后金兵又卷土重来，以小商桥为前阵，十几万金兵围聚在小商桥后方，与宋军形成对垒之势。岳飞派出骁勇善战的杨再兴，令其率领三百骑兵杀入敌营。

杨再兴奋勇杀敌，求胜心切，在瓢泼大雨中骑着马儿不幸误入小商河中。由于河水上涨，马匹的前后腿都深陷河中淤泥，一时间动弹不得，正在这时，金兵箭矢齐发，杨再兴无处躲避，壮烈牺牲。

一代猛将就此落幕，令岳飞悲痛不已。相传杨再兴牺牲后，岳飞在小商桥上写下那首著名的《满江红》。

俯瞰小商桥全貌

过桥不语桥里桥——潮音桥

　　湖州有"三绝"——"塔里塔""庙里庙"与"桥里桥"，说的是分布在湖州城里的三座著名的古建筑。而湖州三绝之一的"桥里桥"就是潮音桥，位于湖州市南街，是湖州地标性建筑之一。

　　潮音桥是一座明代古桥，始建于明嘉靖十八年（1539年），到了万历三十一年（1603年）被重建，后又几经修葺，屹立至今。它是一座3孔石拱桥，长约50米，宽近5米。

　　潮音桥三孔总跨度较长，东西两端分别设置了桥阁，桥面呈弯弧形，但坡度较平缓，形状优美又便于车马行人通过。值得一提的是，潮音桥两端护栏尾部各设有两尊石狮，造型生动，气势不凡。桥中间大拱的两侧拱肩上还雕刻有一对精美的吸水兽，十分吸睛，寄寓着潮音桥能避免洪水侵害，永远坚固、平安的愿望。

　　潮音桥采用的是立交桥的模式，桥下另设一座小梁桥，从潮音桥西侧孔洞里穿插而过。若从高空向下俯瞰，便会发现两条桥相互交叉，行人可从潮音桥上通过，也可从容地穿行桥下孔洞。这种设计十分超前、先进，也是"桥里桥"这一别称的由来。

关于"桥里桥"，湖州当地还流传着一个感人的故事，相传在潮音桥建成前，行人们只能通过渡船往返河两岸。后来一位心地善良的哑巴老人请人在渡口那里架起了一座木桥。这一为民造福的举动却惹怒了当地一个靠摆渡赚钱的财主，财主让人拆除了木桥并杀害了哑巴老人。当地官府得知此事后，严惩财主的同时，筹集资金在木桥上方修建了一座石桥。当地人感念哑巴老人的义薄云天，相约此后但凡在桥下经过，都默然不语。直到如今，"过桥不语"的约定依然被很多老人铭记心中。

历经岁月的洗礼，潮音桥桥身上不可避免地留下斑驳的印记，但点点滴滴都彰显着湖州的风土人情，令古桥越发显得韵味十足，也令游人沉醉其中，流连忘返。

皇城后门水运咽喉——万宁桥

万宁桥是一座元代拱桥，坐落在北京地安门（北京皇城四门之一）外，位于北京中轴线上，又名地安桥、后门桥、海子桥等。它是北京城的地标性建筑之一，有着丰富而珍贵的历史文化内涵与价值。

古拙朴实，韵味十足

万宁桥最初为木头建造，后来才改为单孔拱券式石桥。从外表来看，这座古桥并不怎么起眼，但整体古拙朴实，韵味十足。

万宁桥长约 34 米，宽 17 米多，桥面较为平坦。它的桥拱厚重敦实，拱高约 3.5 米。拱券上方雕刻有石兽头，工艺精湛，活灵活现。另外，万宁桥四角燕翅墙上各自趴着一只镇水兽，姿态不一，俱身覆鳞甲，尾巴粗壮，栩栩如生。

万宁桥的栏板、望柱由白色大理石建造而成。其中，护栏上的浮雕图案多样，精美典雅。立于栏杆之间的望柱头部构造奇特，十分引人注目。

万宁桥

万宁桥镇水兽

历史悠久，地位杰出

自建成至今，万宁桥已经历了 700 余年的风风雨雨，它是北京中轴线上第一桥，也是元大都的咽喉要道，有着重要的历史地位。

中轴线上第一桥

位于北京中轴线上的古建筑有很多，比如正阳门、神武门、故宫角楼、万宁桥等。其中，万宁桥被人们称为"中轴线上第一桥"，连同其他古建筑一起串联起了北京城绵延厚重的记忆。

北京中轴线起源于元大都中轴线。当年，元世祖忽必烈将新都城的规划设计、筹建等事宜一并托付给了大臣刘秉忠。刘秉忠在展开一系列实地调研后，决定围绕旧城城北的一片水域（包括今北海、后海、积水潭等地）来布局，经过一番思虑之后，画出一条切线作为新都城的中轴线，而他所选择的这条中轴线的起点，正是万宁桥所在地。①

可以说，作为整个大都新城规划、设计的起点和城市中轴线的基点，万宁桥在元大都都城建设过程中发挥了极其重要的作用。同时，万宁桥也成为后世人们探究北京城起源与发展的重要古建筑之一。

① 张必忠.万宁桥——北京城的奠基石[J].紫禁城，2001（2）：2-3.

元大都的"咽喉"

在元代，万宁桥是重要的水陆交通枢纽，堪称元大都的"咽喉"。

元代定都北京后，统治者下令整修大运河，以建立畅通、高效的水运体系，顺利连通南北。至元二十九年（1292 年）修建了通惠河，积水潭（元代京杭大运河的终点码头）的水面面积也得以扩增，从南方驶来的满载货物的漕船必须经过万宁桥才能抵达积水潭码头。同时，当漕船离开码头返回南方时，经过的第一座桥梁也是万宁桥。

因着便利的交通条件，万宁桥周边商贸往来日益频繁，桥两岸旗幌招展，各色商铺鳞次栉比，街道上、河道旁行人如织，热闹非凡。空气中也常常飘荡着花香与酒香，让人心驰神往。

提起北京漕运历史，就不能不提万宁桥，如今的它，依旧发挥着重要的作用。

地扼京师通塞外——朝宗桥

朝宗桥位于北京昌平区沙河镇，又被称为沙河北大桥。朝宗桥与卢沟桥、万宁桥并称为北京"桥中三老"，同时也是曾经的"拱卫京师五大桥"之一。

简洁古朴的朝宗桥

关于朝宗桥的建造者，有着多种说法。一说是由明朝一位名为赵朝宗的大臣所建，因桥建得质量过硬、气势恢宏，皇帝龙颜大悦，故将此桥命名为朝宗桥。

一说此桥是由明朝另一位大臣王永寿所建。《日下旧闻考》上有着这样的记载："安济、朝宗，二桥皆正统十二年（1447）命工部右侍郎王永寿建。"意思是说，明正统十二年，工部右侍郎王永寿主持修建了安济桥和朝宗桥这一对姊妹桥。

安济桥和朝宗桥相差不远，分别横跨于南北沙河之上。如今，安济桥已经消逝在历史的尘埃中，而朝宗桥却仍旧安稳屹立，并继续承担着交通要道的作用，在人们的生活里扮演着重要的角色。

朝宗桥是一座七孔厚墩连拱石桥，全长 130 米，宽 13 米多，高 7 米多，远远望去，十分雄伟壮观。整座桥采用的建筑材料主要为花岗岩石，坚固无比。桥身两旁立有望柱 53 对，造型简洁而古朴，望柱间的石栏板上的雕饰在历经几百年的风霜侵蚀后也变得较为模糊，看不清本来面目。

朝宗桥下七孔孔洞相连，趴伏在中孔拱券石上的吸水兽威风凛凛，活灵活现，将古代工匠们精湛的石雕技艺展现得淋漓尽致。大桥一侧立着一块形制古朴的石碑，上书"朝宗桥"三个大字，风骨遒劲。

在古代，明朝皇帝、大臣们想要祭拜祖宗陵墓，势必要经过朝宗桥，同时这里也是北京都城通往塞外的交通要道，足见朝宗桥地理位置的重要程度。

朝宗桥作为北京市重要历史遗迹之一，早在 1984 年就被列入"北京市重点文物保护单位"。

朝宗桥的望柱和石栏板

京东水陆要塞——通运桥

在北京通州张家湾镇的萧太后河上，横卧着一座气势雄伟的明朝古桥，即通运桥。它承载着老北京人的情感与记忆，是北京通州文化的重要符号之一，具有杰出的历史、艺术价值和深厚的文化内涵。

通运桥位于张家湾古城（建于明朝）南门外，前身是一座木桥，当地人称其为萧太后桥。但木桥容易腐蚀、风化，无法长久地抵御风霜侵袭，只能屡坏屡修，反而浪费了不少人力、物力。当万历皇帝知道这件事后，特意下令撤去木桥，在原址上建起一座石桥。石桥于万历三十一年（1603年）的正月开始建造，并于两年后的秋天竣工，万历皇帝将其命名为通运桥。

通运桥是三券连拱桥，桥身由花岗条石砌成，全长大约40多米，十分古拙壮观。桥下三券宽阔，历经几百年风霜依旧保持着原貌。其中中券较大，其券洞上方嵌有镇水神兽，神兽头探出石壁，怒目圆睁，凝视着水面，十分具有威慑力。

通运桥

　　桥身两侧望柱造型独特，柱顶须弥座上端坐着一个个石雕狮子，两两相对，憨态可掬，栩栩如生。望柱间镶嵌着一块块栏板，栏板上雕有海棠池，池内的浮雕宝瓶工艺精湛，精美异常。最特别的是，栏板两面都雕有海棠池、宝瓶等图案，这在古桥中是很罕见的。

　　"张湾千载运河头，古垒临漕胜迹稠。"当年，南方的漕运船聚集在皇家漕运的重要航道——萧太后河上，从南方运来的那些粮食、

通运桥券洞上气势十足的镇水兽

通运桥望柱顶端的石狮

货物纷纷经过通运桥流入了张家湾古城。作为京东水陆要塞，通运桥上商贾往来络绎不绝，小贩叫卖之声此起彼伏，从早到晚，一辆接一辆的马车从桥上通过，迄今通运桥桥面上还留有累累车痕。

岁月沧桑，如今张家湾古城只剩下些许城墙遗迹，而通运桥却依旧傲然耸立。行走于大桥之上，眼前仿佛闪过当年运河之上帆樯相连、百舸争流的热闹景象，耳边似乎也传来辚辚车马声，让人心驰神往。这座古桥承载着旧日的辉煌，它是古代劳动人民智慧的结晶，也见证了岁月的沧桑变化。

通运桥桥面青石上的累累车痕

第七章

小桥流水，仪态万方：古桥野趣

形态各异的中国古桥，散落在全国各地，与周围山水、村落、园林等景色融为一体，构成一幅幅美丽的中国古桥风景画。

　　观小桥流水，探寻古桥野趣，欣赏中国特色古桥的仪态万方，了解这些古桥背后的历史文化和建筑审美，感受古桥之美。

西湖断桥

断桥位于杭州西湖之上，是一座具有浓郁人文气息的古桥。断桥令世人印象深刻的，不仅是其精湛的建筑艺术和美丽的湖景风光，还包括许多古老的故事与传说。

断桥并非"断了的桥"，其得名缘由或因至西湖中的岛屿孤山的路到此中断故名断桥，或因段家桥、段桥中"段"字与"断"字谐音，后世误传为"断"桥。

古断桥早在唐朝时期就已经存在，原为一座木板桥，宋朝时称保佑桥、宝祐桥，元代时称段家桥、段桥。古断桥因年久失修而破败难以恢复，现在人们所看到的断桥是在 20 世纪 40 年代重新修建的。

断桥现为单拱长桥，拱券为近半圆形，坐落于西湖白堤的东端，将西湖分为北里湖和外西湖。

在广为人知的"西湖十景"中，"断桥残雪"一景意境辽阔，指的是冬季雪后，断桥的阳面冰雪消融、阴面冰雪仍存，从远处眺

望，山水一色，断桥似断非断，银光闪烁，是西湖冬日最美的景
色。明朝曾有诗句描写断桥风景为"闲作步上断桥头，到眼无穷胜
景收。"

断桥

断桥与《白蛇传》

《白蛇传》是我国著名的民间传说，其故事原型见于明代冯梦龙的《警世通言》中，后于清朝在民间广为流传并逐渐发展成熟，描写的是白蛇化身白娘子与凡人许仙可歌可泣的爱情故事。

西湖断桥是《白蛇传》故事发生的重要地点，《白蛇传》中的主人公白娘子与许仙在断桥相遇，后历经磨难再次于断桥相会，为西湖断桥增添了许多浪漫主义色彩，断桥也随着《白蛇传》的广泛流传而成为我国江南地区最出名的古桥之一。

姑苏枫桥

枫桥，原名封桥，位于今江苏省苏州市姑苏区的上塘河之上，因唐代诗人张继的《枫桥夜泊》而闻名。

古运河上的要塞

枫桥的始建年代目前已不可考，现存枫桥建于清朝时期，桥南一侧的石柱上刻有"同治六年丁卯八月建"字样。

枫桥为单孔石拱桥，桥长39.6米，宽5.7米，河上跨度约10米，是一座拱弧较陡的桥，桥下可通货船和客船。整座桥的造型优美、古朴雅致，表现出典型的江南古桥风格特点。

隋唐时期，漕运昌盛，枫桥正位于京杭大运河的上塘河这一古运河河段上，是京杭大运河的河运要塞，相传，每每有货船到此会稍作停留，又因唐以前常常有水匪作乱，因而为确保过往船只和周边旅客安全，枫桥在夜晚时会封闭、禁止通行。枫桥的别称"封桥"的称呼或源于此。

枫桥

因古诗而闻名

唐安史之乱后，诗人张继途经枫桥处停留过夜，写下七言绝句《枫桥夜泊》："月落乌啼霜满天，江枫渔火对愁眠。姑苏城外寒山寺，夜半钟声到客船。"诗中细腻地通过周边景物描写，表达了一位羁旅游子的心情，全诗情景交融、意境高远，是一首难得的羁旅诗，枫桥也因为这首古诗的广泛流传而闻名古今。

此后，许多文人墨客到枫桥处，多停留作诗题词，观景感怀，枫桥也成为古代文人笔下常出现的羁旅之地。

枫桥的桥面

周庄双桥

周庄双桥位于周庄古镇内，由两座桥组成，它们彼此相连，形如钥匙，又名钥匙桥。

双桥古韵

构成周庄双桥的两座桥分别是世德桥、永安桥，两座桥均始建于明朝万历年间。

在有"江南第一水乡"之称的周庄古镇，南北市河贯穿其中，与银子浜在浜口交汇。周庄双桥中的世德桥跨市河，桥长16米，宽3米，跨度5.9米；永安桥跨银子浜，桥长13.3米，宽2.4米，跨度

3.5 米。双桥有一端桥头相接，从永安桥非相接一侧的桥头远远看去，双桥如同一把古代的钥匙，造型独特，令人们津津乐道。

在建筑结构上，周庄双桥均为单孔石桥，世德桥为单孔石拱桥，永安桥则为单孔石梁桥，双桥以条石砌筑，可拾级而上，转角即可从一座桥登上另一座桥。

在空间布局上，周庄双桥一横一竖，桥洞一方一圆，呈现出独特的水乡风韵，也是赏景观水的绝佳地点。

周庄水乡流水潺潺，双桥立于水路交汇处，晴日里安静地端详着来往水乡的旅客，阴雨连绵的日子里隐在氤氲的水雾中，给人以安详、静谧之感，体现出闲适的水乡古韵。

周庄双桥

双桥文化

水乡文化和外交文化是双桥文化的两个重要方面。

周庄双桥是水乡周庄的一张旅游文化名片，吸引了无数游人前来一睹其芳容，双桥的风光在我国水乡古镇和古桥建筑中都是绝无仅有的，是水乡古桥中的佼佼者。

当然，周庄双桥的美名不仅限于造型雅致、风景秀丽，其背后还有一段令人称赞的文化故事。

20 世纪 80 年代，著名画家陈逸飞以周庄双桥为背景创作了油画

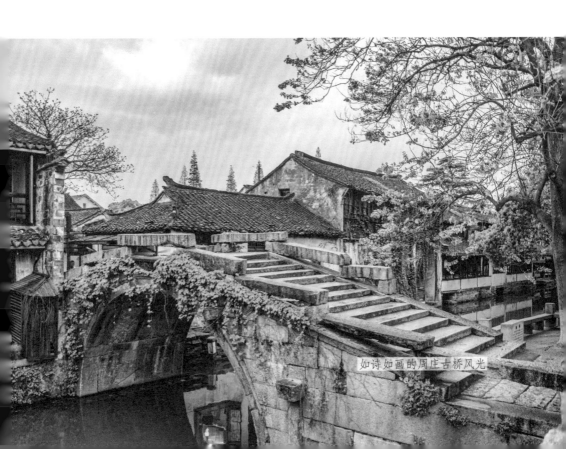

如诗如画的周庄古桥风光

《故乡的回忆》，此画在美国展出后引起广泛讨论，后被美国西方石油公司董事长阿曼德·哈默先生购买收藏。之后，此画随哈默先生访问中国时被赠予邓小平同志，见证了中美友谊。经此一事，周庄双桥声名鹊起，成为一把新的文化钥匙。

通惠河八里桥

在今北京市通州区的通惠河上，有一座明代石拱桥，这座桥便是八里桥，是重要的世界文化遗产。

八里桥始建于明朝正统十一年（1446年），原名永通桥，距当时的通县约八里，故名八里桥。

八里桥是一座南北走向的三孔石拱桥，桥长30米，宽16米，三个桥孔中，两侧的桥孔高3.5米，中间的桥孔高8米。古时，通惠河为运粮要道，装满粮食的漕船大多有高高的桅杆，而八里桥居中的桥孔高大，漕船行至此处，即使不落桅杆也可顺利通过，极大地增加了漕运粮船的通行效率。八里桥内高异常高的桥孔，也造就了其与众不同的古桥造型，使之与其他古桥相比，表现出鲜明的建筑结构和造型特点。

八里桥如今仍在使用中，只是为方便机动车上下桥过程中的爬坡和下坡，在桥两端做了垫高处理，减小了桥面坡度。同时，为了减少水流对古桥的冲击，在桥的两端拓宽河道，各建有一座三孔水泥桥梁。

八里桥的桥栏板为汉白玉材质，共有 32 块护栏板。望柱之上有精美的石雕装饰，石雕形象有石狮、石兽等，它们造型独特、生动形象。在桥的两端各有一只蚣蝮（龙生九子之一，喜水），起到装饰桥梁和镇水的作用。蚣蝮体型庞大、威猛霸气，眼神犀利地注视着河面，体现了古代工匠纯熟的雕刻功力和丰富的艺术想象力。

八里桥

什刹海银锭桥

　　银锭桥位于今北京什刹海的水道上，在前海与后海水道连接最细的地方，是一座小巧精致的银锭状石桥，故名银锭桥。

　　银锭桥大约始建于明朝，是燕京水系上的重要桥梁，是老北京城的商业繁茂之地和进出京城的船舶必经之处，是重要的交通要塞。

　　银锭桥的特色景观也历来被人称道。据说在老北京城的任何一块平地上都看不到西山，唯独站在与地面等高的银锭桥上能遥望西山，这一景象被称为"银锭观山"，是旧燕京小八景之一。明代《燕都游览志》中曾记载："银锭桥在北安门海子桥之北，此城中水际看西山第一绝胜处也。"可惜的是，如今人们再站在银锭桥上，沿着扇形面的后海的宽广视角远望，视线多被城市发展过程中所建的高楼大厦遮挡，已经无法再见到西山叠翠的景象了。

　　现存银锭桥为 20 世纪 80 年代重建，桥长 12 米，宽 7 米，高 8 米。桥为单孔石拱桥，桥上有云纹花纹栏板、翠瓶卷花望柱，虽不复原貌，但承袭了古朴沉静的建筑风格。

　　银锭桥周边的秀丽风景也是令银锭桥名扬京城的重要原因。除了著名的"银锭观山"外，银锭桥附近水域的荷花也是一处引人入胜的夏日胜景，明代文人李东阳曾评价银锭桥的西山远景、近水荷花之绝妙是京城的"第一佳山水"，清代时曾流传有"地安门外赏荷时，数里红莲映碧池"的诗句。如今，每年的盛夏都会有许多游人来银锭桥赏桥赏花。

　　银锭桥附近的景观为银锭桥增添了许多人文气息，这里有银锭桥胡同、名人故居等旧京风景，也有现代人文风情。京城之中，连接古今风景与文化的桥梁，非银锭桥莫属。

银锭桥

银锭桥周边风光

颐和园玉带桥

　　颐和园玉带桥位于昆明湖长堤上，在全国诸多玉带桥中是最为有名的一座。

　　颐和园中，西堤之上，有六座典雅秀丽的石桥，玉带桥便是其中最美、最久负盛名的一座。远远望去，它如同一条被湖风托起的玉带，轻盈灵动而又不失庄重典雅。

　　颐和园玉带桥始建于清乾隆年间（1736年），是一座单孔石拱桥，桥身采用汉白玉和青石建造而成，桥栏板上有汉白玉石雕，望柱共60根，望柱以仙鹤祥云雕饰，图案精美、栩栩如生。

　　玉带桥的桥孔高大，呈半圆形，跨度11.38米，高7.5米，如此高的桥拱在园林古桥中颇为少见。园林古桥多为古时王室贵族踱步或乘轿辇通过，而玉带桥如此高的桥拱设计据说是为了方便乾隆皇帝的龙舟通行。玉带桥的桥拱高耸，犹如一个驼峰，桥拱最高处的桥面较薄，从桥最高处向桥两端延伸的桥面为双向反弯曲线的桥面，桥面的弧线流畅、优美、自然。

　　整体来看，颐和园玉带桥无论是造型雕饰，还是桥景意境，都堪称园林古桥的典范。

　　凡遇昆明湖上风平浪静之时，玉带桥清晰地倒映在水中，水上的桥拱与其在水中的倒影可形成一个完整的圆，犹如水上的一轮明月。相传乾隆皇帝十分喜爱玉带桥，每每游园必定要在玉带桥上走一走，在玉带桥的桥头至今留有乾隆皇帝御笔："螺黛一痕平铺明月镜，虹光百尺横映水晶帘""地到瀛洲星河天上近，景分蓬岛宫阙水边多"，描写了玉带桥倩影如月、如镜以及桥雅、水清、景美的特点。

玉带桥

网师园引静桥

在苏州园林中，有诸多古朴典雅、清新自然、宁静致远、富有诗情画意的古桥，引静桥就是其中一座，而且是苏州园林中最精致小巧的一座古桥。

引静桥位于具有典型苏州园林建筑风格的网师园中，三步即可从桥的一端走到另一端，因此又称"三步桥"。

引静桥桥长 2.4 米，宽 1 米，如一只精致的弯弓镶嵌在彩霞池水湾处，整座桥"麻雀虽小，一应俱全"。石桥应有的建筑构件，如桥拱、桥栏杆、桥阶等，均设计精巧且比例协调、保存完整。

沿小桥拾级而上，在桥面最高的弧面处，可见一朵圆形的牡丹浮雕，牡丹花瓣线条流畅、形态饱满，栩栩如生。

引静桥的桥型袖珍、风格温婉，是网师园水系上的点睛之笔。一方面将水域两侧景物与建筑巧妙地连接起来，避免了园林内景色切分的生硬之感；另一方面，引静桥绿萝缠身，与周围精致典雅的园林布局和风光相映成趣，使空间交错、和谐，处处体现一步一景的巧思。
引静桥是中国古典园林建筑空间布局的成功典范，也是园林中古桥建
筑设计巧思的典范。

引静桥

引静桥以及周边园林风光

甘棠村步瀛桥

步瀛桥位于湖南省江永县甘棠村西南端，横跨谢沐河。步瀛桥始建于北宋靖康年间（1126年），距今已有800多年的历史了，该桥破损严重，唯剩半边，但仍坚挺不倒。

步瀛桥全长30米，宽4.5米，原高8米，后因桥下河中河床升高2米，现桥高为6米。桥由青石砌筑而成，共有三个桥拱，每个桥拱跨度8.5米。

步瀛桥简约质朴，充满乡村野趣，在不同季节呈现出不同的美景。在距离步瀛桥不远处，有一座建于明代的文昌阁，古桥与古阁共同构成甘棠村历史悠久、弥足珍贵的建筑景观。

步瀛桥与文昌阁

黄姚带龙桥

  黄姚带龙桥位于今广西壮族自治区贺州市昭平县的黄姚古镇中。古镇现存 15 座古桥，带龙桥是其中最为出名，也是最大的一座古桥。

  带龙桥始建于明朝万历年间，是一座阶梯式石拱桥，桥长 22 米，宽 3 米，古桥两侧自然景色宜人。由此桥可通往石板街，古桥和古街串联起古镇的明清古建筑，是探寻古建筑遗韵的绝佳场所。

  带龙桥有一大一小两个桥拱，大的桥拱横跨水面，高出水面 3 米有余，跨度 5.6 米，小的桥拱为旱拱，跨度 3 米。平时，河水从带龙桥的大拱下通过，带龙桥的小拱只在丰水的季节起到泄洪的作用，因此在河水水流较少的季节，小拱便几乎完全暴露在河岸上，这样的桥拱布局和建筑景观是我国古桥中少见的奇观。

  带龙桥在建造过程中就地取材，选用当地的厚石板砌筑而成，桥面为平整的大石板，从桥最高处向两边，石板依次递减高度，构成一座石阶式桥梁，在石板之间用铁铆铆接，整个桥体坚固地锁在一起。

带龙桥曾多次被洪水淹没，但都不曾被冲垮，依然坚固如初。

带龙桥

婺源彩虹桥

在江西省上饶市婺源县清华镇内，有一座廊桥，被誉为"中国最美的廊桥之一"，此桥便是彩虹桥。

"两水夹明镜，双桥落彩虹"

婺源彩虹桥，又叫廊亭桥，位于风景优美的婺源星江河上。其始建于南宋，距今已有 800 多年的历史了。

彩虹桥是婺源廊桥的代表作之一，相传是由和尚胡济祥化缘筹款、桥梁专家胡永班设计，历时四年建造而成。据说在建成之日恰逢雨后彩虹落于河畔，霞光映照桥身，遂取名"彩虹桥"，也有传说此

彩虹桥

桥的名字取自李白的诗句"两水夹明镜，双桥落彩虹"。

彩虹桥桥美、名美、景美。桥如飞虹，连接两岸叠翠、古村。桥
上建有廊亭，置有石凳，可供路过的行人在风雨中落脚歇息。在古
代，百姓出行访友、学子进京赶考、徽商荣归故里等，都必然要路过
彩虹桥或专门来彩虹桥上走一走，以期盼吉祥、平安。彩虹桥周围景
色秀丽，桥下碧水长流，远处青山如黛，周边古村散落，构成了一幅
恬静闲适、清新自然的中国山水画卷。

科学的选址与建筑设计

彩虹桥全长约 140 米，桥面宽约 3 米，桥墩 4 座，位于河道转弯处，在桥梁选址与建筑设计上体现出古人建造桥梁的伟大智慧。

首先，桥梁选址科学合理。彩虹桥建造在河流最宽的河面上，河面宽，意味着河水有更大的奔流空间，桥在洪峰来临之际被冲击的力量会消散许多。

其次，桥墩设计匠心独运。彩虹桥的桥墩采用大块条石砌筑，桥墩高大、稳固。桥墩的一侧为平面，另一侧有分水尖，分水尖正对上游河水流过来的方向，可有效实现洪水分流，减少水流对桥墩的冲击。

值得一提的是，彩虹桥的四个桥墩的间距并不相等，在河中心处，水流湍急，桥墩的间距稍大，更方便河水奔流。桥墩的砌筑、形状以及间距，有效综合了桥墩的分水泄洪和稳固桥梁的功能。

最后，桥上廊亭建造别具匠心。彩虹桥的廊亭简约而不简单，共11 座，廊柱林立，气韵古朴，四周通透，站于桥上，可观四周风景，可避风雨。廊亭为全木结构，方便建造又易于修复。

彩虹桥坚固的桥墩

彩虹桥的廊亭

参考文献

[1] 程杰晟，高朝阳，张耀卫，等.中国历史文化概论 [M].北京：机械工业出版社，2010.

[2] 甫玉龙，张懿奕.古都北京 [M].北京：经济科学出版社，2019.

[3] 郭艳红.穿越古今的古桥古道 [M].北京：现代出版社，2018.

[4] 孔庆普.中国古桥志（下）[M].北京：东方出版社，2020.

[5] 李波.中国古代建筑 [M].呼和浩特：内蒙古大学出版社，2009.

[6] 李畅然，傅璇琮.古桥 [M].济南：泰山出版社，2012.

[7] 李姗姗.古桥天姿风采 [M].汕头：汕头大学出版社，2017.

[8] 梁荣声.江浙沪旅游景点景区：粤语导游词 [M].南京：东南大学出版社，2007.

[9] 廖春敏，关炜炘.中国国家地理 [M].北京：西苑出版社，2010.

[10] 齐志斌.古桥天姿：千姿百态的古桥艺术 [M].北京：现代出

版社，2014.

[11] 乔虹. 古桥 [M]. 合肥：黄山书社，2015.

[12] 王俊. 中国古代桥梁 [M]. 北京：中国商业出版社，2015.

[13] 吴建. 下江南：华东线导游 [M]. 南京：南京师范大学出版社，2011.

[14] 吴越. 中国古桥 [M]. 南昌：百花洲文艺出版社，2012.

[15] 徐耀新. 历史文化名城名镇名村系列. 苏州 [M]. 南京：江苏人民出版社，2018.

[16] 曾磊. 出行礼俗 [M]. 天津：天津人民出版社，2011.

[17] 蔡祥梅. 明代南京桥梁研究 [D]. 西安：陕西师范大学，2016.

[18] 陈芳璐. 赣州古浮桥建造历史研究 [D]. 南宁：广西民族大学，2015.

[19] 丁媛. 中国古代桥梁文化专题研究 [D]. 武汉：华中师范大学，2013.

[20] 段磊. 秦至清关中地区桥梁技术研究 [D]. 西安：陕西师范大学，2012.

[21] 刘雅慧. 中国古代拱桥的功能及其文化内涵研究 [D]. 长沙：湖南师范大学，2015.

[22] 任崎. 宋金桥梁研究 [D]. 郑州：河南大学，2007.

[23] 王彤. 隋唐时期桥梁研究 [D]. 郑州：河南大学，2017.

[24] 王雁君. 中国古代浮桥研究 [D]. 郑州：河南大学，2022.

[25] 朱铁军. 江南古桥文化与地域环境关联探究 [D]. 芜湖：安徽工程大学，2010.

[26] 曹静宜.古诗词中"桥"意象的探索 [J].鸡西大学学报，2009（02）：124-125.

[27] 陈果.试论中国古代的铁索桥 [J].思想战线，2008（06）：137-138.

[28] 崔金生，郭希军.北京"桥中三老"[J].北京档案，2009（2）：48-49.

[29] 樊旺林，李茂林.蒲津桥始末 [J].山西文史资料，1999（Z1）：79-87.

[30] 冯一下.川江古桥小考 [J].四川文物，1985（4）：71.

[31] 华红安.黄河第一桥——镇远桥 [J].水利天地，1995（3）：13.

[32] 姜维，柴小羽.临颍小商桥的价值及保护开发探究 [J].漯河职业技术学院学报，2021（1）：16-18.

[33] 乐振华，徐晓民，刘舒.江南古桥石作艺术研究 [J].现代园艺，2012（04）：35-36+82.

[34] 李放.铁道部大桥局，海军，城建等部门为修缮宋代观音桥献计献策 [J].江西历史文物，1981（4）：96.

[35] 李立华.永通桥，赵州桥的"姊妹桥"[J].乡音，2022（09）：53-54.

[36] 刘冰.河南古桥的造型与雕刻艺术 [J].中华民居，2011（10）：93-97.

[37] 刘大元.黄河第一桥——蒲津桥 [J].公路，1989（6）：15-16.

[38] 潘洪萱.陕西汉中西汉时的樊河桥 [J].古建园林技术，1984

（04）：27-30.

[39] 王曾瑜 . 宋代横跨长江的大浮桥 [J]. 社会科学战线，1983（4）：141-142.

[40] 王慧刚 . 宋词中的"桥"意象 [J]. 求索，2009（12）：178-180.

[41] 武沐，赵洁 . 明代兰州之崛起 [J]. 甘肃社会科学，2021（3）：220-227.

[42] 西部交通科技 . 安澜桥 [J]. 西部交通科技，2013（09）：100.

[43] 杨金辉 . 秦汉时期渭河三桥的营建原因和重要意义 [J]. 唐都学刊，2008（01）：29-31.

[44] 尹家琦，李琳琳 . 中国古代索桥的建筑艺术价值 [J]. 山西建筑，2008（34），308-310.

[45] 岳晓峰 . "汉承秦制"的词汇史考察——以"桥""梁"为例 [J]. 语言研究，2021（03）：114-118.

[46] 张必忠 . 万宁桥——北京城的奠基石 [J]. 紫禁城，2001（2）：2-6.

[47] 张可永 . 闽浙木拱廊桥建筑的文化特质 [J]. 建筑,2020（01）：66-69.